Heinzpeter Hempelmann

Gottes Ordnungen zum Leben

Heinzpeter Hempelmann

Gottes Ordnungen zum Leben

Die Stellung der Frau in der Gemeinde

ISBN 3-88002-632-7

TELOS-Bücher
TELOS-Paperback 71367

Alle Rechte vorbehalten, auch der auszugsweisen Wiedergabe und Fotokopie

© Copyright 1997 by Heinzpeter Hempelmann, 72119 Ammerbuch
Umschlaggestaltung: Helmut Sigle, Schömberg
Satz: EDV-LM, Bad Liebenzell
Herstellung: St.-Johannis-Druckerei C. Schweikhardt, 77922 Lahr (Schwarzwald)
Printed in Germany

INHALT

I. HORIZONTE 9

A. *Gesellschaftlicher Horizont: Frauenemanzipation und Auflösung geschlechtsspezifischer Verhaltensweisen* 9

1. Wovon ist unser Denken über Mann und Frau bestimmt? 9
2. Frauen-Unterdrückung unter christlichem Vorzeichen 11
3. Gleichberechtigung und -stellung der Frau 13
4. Das biblische Zeugnis von der gottgewollten Polarität der Geschlechter und das „anything goes" einer postmodernen Gesellschaft 14

B. *Verheißungshorizont: Leben durch die weisen Weisungen des Schöpfers* 20

1. Profiliertes Wortzeugnis 20
2. Profiliertes Lebenszeugnis 20
3. Ganzheitliches Denken 21
4. Strukturen zum Leben 22

C. *Gemeindlicher Horizont* 23

D. *Hermeneutischer Horizont: Wie legen wir die Schrift verbindlich aus?* 27

1. Wir nehmen die Bibel ernst als Gottes-Wort und Menschen-Wort 27
2. Die Heilige Schrift legt sich selbst aus 29
3. Wir unterstellen bis zum Beweis des Gegenteils die Einheitlichkeit und Widerspruchslosigkeit der einzelnen Texte zur Sache 31
4. Wir legen die Heilige Schrift von ihrer Mitte zu ihren Rändern und von den hellen zu den dunklen Stellen hin aus. 32

II. DER EXEGETISCHE BEFUND 35

A. Auslegung von 1 Kor 14,33b-36 35

1. Der Text 35
 1.1 Übersetzung 35
 1.2 Textsicherung 35
 1.3 Textzusammenhang 37
 1.4 Kontext 38
2. Beobachtungen am Text 40
 2.1 Das absolute Schweigegebot 40
 2.2 Welches Reden ist absolut verboten? 44
3. Zusammenfassung 46

B. Auslegung von 1 Tim 2,8-15 48

1. Der Text 48
2. Beobachtungen zum Text 48
 2.1 Anmahnung geschlechtsspezifischen Verhaltens 48
 2.2 Begründungsquellen 49
 2.3 Lehren als Herrschen 50

C. Schöpfungs-, Erhaltungs- und Versöhnungsordnung 53

1. Schöpfungsordnung 53
2. Erhaltungsordnung 55
3. Versöhnungsordnung 57
4. Die Herrschaft des Christus führt zur Befreiung der Frau 61
5. Begründung des Verhältnisses der Geschlechter im dreieinigen Gott selber 64

III. KONSEQUENZEN 69

A. Für das Zusammenleben von Mann und Frau 69

B. Für den Verkündigungsdienst der Frau 71

1. Das christliche Ja zur Frau und zu ihrem Dienst 71

2. Der Dienst der Prophetie 72
3. Mitarbeit in der missionarischen Verkündigung 75
4. Lehre und Lehren 76

C. *Für die Leitungsaufgabe* 79

D. *Für die unverheirateten Frauen* 80

E. *Empfehlungen* 81

   1. Freiheit in der Bindung an Christus 81
   2. Neubesinnung auf Gottes guten Willen
      für Mann und Frau 84
   3. Wortverkündigung der Frau 86
   4. Frauen in Leitungsämtern 92
   5. „Haupt"-Fürsorge für die unverheiratete Frau
      im hauptamtlichen Dienst 95

NACHBEMERKUNG 97

BIBELSTELLENREGISTER 100

I. HORIZONTE

Im Hinblick auf die Frage der Stellung der Frau herrscht wohl z.Z. unter uns nur in einem Einigkeit, in dem einmütigen Eingeständnis, daß wir in dieser Frage nicht einig sind[1]. Die verschiedenen Einstellungen zum Dienst der Frau in der Gemeinde beruhen auf unterschiedlichen Traditionen, Interessenlagen und natürlich auch auf Argumentationen, die sich auf die Bibel zurückbeziehen. Wenn wir zu mehr Einigkeit finden wollen – und das ist angesichts einer weit verbreiteten Unsicherheit sicher nötig –, dann ist es sinnvoll, daß wir zunächst einmal die vier Horizonte abschreiten und klären, die unser Thema berührt. Vielleicht gelingt es, auf diese Weise einen Schatz an Übereinstimmungen zu erreichen, der dann Ausgangspunkt für weitergehende und gemeinsame Überlegungen sein kann.

Wie bewältigen wir unterschiedliche Einstellungen?

A. Gesellschaftlicher Horizont: Frauenemanzipation und Auflösung geschlechtsspezifischer Verhaltensweisen

1. Wovon ist unser Denken über Mann und Frau bestimmt?

Unser gesellschaftliches Umfeld prägt uns. Das gilt einerseits im Hinblick auf die traditionelle Vorherrschaft des Mannes in der Familie, der als der Ernährer auch „das Sagen hat". Das ist ebensosehr aber auch der Fall bei der Forderung nach Emanzipation der Frau im Sinne eines Abschieds von überholten, die Frau unterdrückenden „Rollen"erwartungen. Der Konflikt, der in unseren Kreisen um die Stellung von Mann und Frau schwelt, ist

Das gesellschaftliche Umfeld prägt unterschiedlich

---

[1] Dies gilt sowohl für den Bereich Gnadaus und seiner verschiedenen Verbände (vgl. Christoph Morgner: Stellung und Dienst der Frau in der Gemeinschaftsbewegung, in: „Der Reichsgottesarbeiter", März/April 1995, 4-25) wie auch für den Bereich der evangelikalen Bewegung insgesamt (vgl ‚idea'-Dokumentation 5/92 mit den Stellungnahmen der Bapti-

nicht zuletzt auch ein Generationenkonflikt, der sich aus einer eher unterbewußten Beeinflussung durch unser säkulares Umfeld ergibt. Das Denken, das man mitbringt, versucht man daher vielfach eher im Nachhinein christlich zu rechtfertigen. Und es fällt ja gar nicht schwer, sowohl für ein patriarchales Familienverständnis entsprechende Belegstellen zu finden (vgl. etwa der Mann als das „Haupt der Frau", Eph 5,21 ff.), als eben auch eine emanzipatorische Denkweise biblisch zu rechtfertigen (vgl. etwa Gal 3,28: Da ist weder Mann noch Frau).

Das jeweils Gewohnte als das Richtige

Entscheidend ist zunächst, daß wir beachten: Unser gesellschaftliches Umfeld beeinflußt uns sehr stark in unserem Denken über das Verhältnis von Mann und Frau. Genau dieses Umfeld hat sich aber – vorbereitet durch die aus der Not geborene Selbständigkeit der Frauen im Kriegs- und Nachkriegsdeutschland – spätestens seit Ende der 60er Jahre entscheidend verändert[2]. In unseren Gemeinden treffen Menschen aufeinander, die in ihrem Denken und Verhalten durch die eine wie durch die andere Gesellschaftsform geprägt sind und unwillkürlich als Christen meinen und meinen müssen, ihre Denkweise sei die christliche, die biblisch allein verantwortbare.

Bereitschaft zur Selbstkorrektur durch die Heilige Schrift

Entscheidend ist weiter, daß wir angesichts dieses Sachverhaltes in unseren Gemeinden bereit werden, einer den anderen höher zu achten als uns selbst (Phil 2,3); d.h. praktisch: unser eigenes Denken auf den biblischen Prüfstand zu legen und danach zu fragen: wo lassen wir uns durch die Heilige Schrift bestimmen, und wo han-

---

sten, der Brüdergemeinden und Evang.-lutherischen freikirchlichen Gemeinden, dem Arbeitspapier des Vorstands des Evangelischen Gemeinschaftsverbandes im Siegerland und Nachbargebiete, sowie für das vorläufige Arbeitspapier der Pilgermission St. Chrischona), als auch für den Bereich der Bekenntnisbewegung „Kein anderes Evangelium" bzw. den der Bekennenden Sammlungen (vgl. hier exemplarisch einerseits das Wort der „Württembergischen Sammlung für Bibel und Bekenntnis" zum Thema „Die Frau in der Gemeinde" sowie die Voten von Reinhard Slenczka und Horst Georg Pöhlmann auf der Synode der Schaumburg-Lippischen Landeskirche am 5. Oktober 1991, in: ‚idea'-Dokumentation 28/91).

2. Alexander Mitscherlich: Auf dem Weg zur vaterlosen Gesellschaft. Ideen zur Sozialpsychologie, München 1963, Kap. VII („Der unsichtbare Vater") und Kap. XII („Massenoder: Zweierlei Vaterlosigkeit").

delt es sich nur um die hergebrachten oder mitgebrachten Einstellungen unserer nichtchristlichen Umgebung? Wo ist Korrektur nötig? Können wir uns durch die Haltung des Mit-Bruders und der Mit-Schwester auf biblische Aspekte hinweisen lassen, die bisher in unserem eigenen Denken zu kurz gekommen sind oder gar keinen Platz fanden? Notwendig ist also eine gemeinsame selbstkritische Überprüfung unserer Positionen; notwendig ist ein gemeinsames Ringen um das, was uns die Bibel zu sagen hat; notwendig ist umgekehrt der Kampf darum, daß wir uns lösen von so oder so gearteten, in ihren Ursprüngen letztlich heidnischen Denkweisen. Es kann uns schon hier die Wahrnehmung helfen, daß sich ja auch Paulus wie die gesamte erste Christenheit kritisch mit den Verhaltensweisen auseinandersetzen mußten, die einerseits durch die jüdische Tradition der Synagoge, andererseits durch ein in der „Frauenfrage" sehr viel „liberaleres" hellenistisches Umfeld in die Gemeinde Gottes hineinwirkten[3]. Unsere Ausgangsfrage ist dem Neuen Testament also nicht fremd. Unser Zielpunkt ist vielmehr auch der Zielpunkt aller seiner Überlegungen: Wie können wir dafür sorgen, daß nicht irgendwelche menschlichen Traditionen und Positionen, sondern der Wille des dreieinigen Gottes auch unser Miteinander als Mann und Frau bestimmt?

Entscheidend: nicht menschliche Traditionen, sondern Gottes Wille

2. Frauen-Unterdrückung unter christlichem Vorzeichen

Es gehört zu den unbestrittenen Ausgangspunkten aller Diskussionen über die Stellung der Frau in den westlichen Gesellschaften, daß Frauen in der Vergangenheit vielfach unterdrückt und häufig als minderwertige Wesen behandelt und begriffen wurden. Auch wenn Urteile über die Unterdrückung der Frau durch den Mann oft

Weit verbreitete Herabwürdigung der Frau

---

3. Vgl. den Überblick bei Klaus Thraede: Artikel Frau, in: RAC Stuttgart 1972, Bd VIII, 197-269, bes. 198ff; Albrecht Oepke: Art gynē in: ThWNT Bd I, 776-790, bes. 777-784.; Gerhard S. Gerstenberger/Wolfgang Schrage: Frau und Mann, Stuttgart/Berlin/Köln/Mainz 1980; Jürgen Ebach/Ferdinand Dexinger: Art. Frau, II.III, in: TRE Bd. 11, Berlin/New York 1983, 422-431.

zu pauschal gefällt werden, müssen wir uns doch fragen lassen, ob wir uns nicht durch eine ganz wesentlich durch Kirche und Christentum mitbestimmte Geschichte sensibilisieren lassen müssen,

- in der unter Berufung auf anatomische Sachverhalte die Frau im wesentlichen lediglich als der biologische „Garten" gesehen wurde, in den der Mann erst seinen, den eigentlich menschlichen Samen legt,
- in der die alltägliche und strukturelle Herabwürdigung der Frau mit großer Selbstverständlichkeit praktiziert und hingenommen wurde.

Schuld – auch von Christen

Es gibt freilich überall auf der Welt in den allermeisten Kulturen ähnliche Herabwürdigungen des Frau-Seins; aber entscheidend ist doch die Frage, warum eine Kultur, die sich gegenüber allen anderen als die christliche definierte, nicht zu einem evangeliumsgemäßeren Frauen-Bild gefunden hat; warum die erweckten Kreise, die es zu allen Zeiten in der (den) weithin säkularen Großkirche(n) gegeben hat, nicht auch an dieser Stelle mutiger widersprochen haben; warum oft ausgerechnet die Kreise besonders unbeirrt an einer Unterdrückung und Herabwürdigung der Frau festgehalten haben und festhalten, die aus den verschiedenen Erweckungsbewegungen hervorgegangen sind.

Emanzipationsbewegung als Reaktion

Es ist unter diesen Umständen nur zu verständlich, daß sich verschiedene Zweige der Frauenbewegungen primär des 20. Jahrhunderts vor allem gegen die – wie sie meinen! – „christliche" Familie wenden; warum bis heute die Zerschlagung und Unterhöhlung der christlichen Familie als notwendig gilt, um die Befreiung der Frau von aller Repression und Unterdrückung zu erreichen. Daß sich die Emanzipationsbewegung ausgesprochen oder unausgesprochen über weite Strecken antichristlich und antibiblisch gibt und versteht, ist darum nicht bloß, noch nicht einmal in erster Linie Äußerung und Ausdruck eines diabolischen, antichristlichen Zeitgeistes, sondern auch Folge von Versäumnissen, die uns heutige ins Nachdenken und in die Umkehr treiben müssen. Auch wenn wir uns dagegen wehren müssen, daß nun in unkritischer und überzogener Weise eine „christliche" Kultur zum Hauptauslöser der Emanzipationsbewegung gemacht wird, so haben wir doch umgekehrt gute Gründe, unsere eigene christliche Tradition auf den Prüfstand biblischen Denkens zu legen und an ihm zu messen.

3. Gleichberechtigung und -stellung der Frau

Die mannigfache, in ihrer Evidenz nicht zu bestreitende alltägliche Zurücksetzung der Frauen in unserer Gesellschaft gibt der Forderung nach Emanzipation im Sinne der Gleichstellung und Gleichbehandlung, also Gleich*wertigkeit* (von Mann und Frau), aber auch im Sinne der Einforderung der Anerkennung der Gleich*artigkeit* der Frau ihre ungeheure Schubkraft.

Gleichwertigkeit = Gleichartigkeit?

Jede kritische Auseinandersetzung mit dieser Emanzipationsbewegung steht von vornherein unter dem Verdacht, nur „alte Herrschaftsverhältnisse" erneuern und die überwundene Vormachtstellung des Mannes wieder etablieren oder gar festigen zu wollen. Das macht jeden Versuch einer kritischen Auseinandersetzung wie einer differenzierten Stellungnahme von der Bibel her einerseits so schwierig, gibt andererseits der bis in evangelikale Kreise hinein zu hörenden Forderung, doch endlich mit den „frauenfeindlichen Verhaltensweisen" aufzuräumen, einen enormen Nachdruck. Dabei steht zur Entscheidung an, ob es uns gelingt,

Die Diskussion ist belastet

- unser christliches Verständnis von Mann und Frau auch im Rahmen einer nichtchristlichen Gesellschaft mindestens ansatzweise verdeutlichen zu können. Wenn dies mißlingt, tangiert dies die Glaubwürdigkeit und die Ausbreitung des Evangeliums;
- der durch die Klischees einer postmodernen Gesellschaft geprägten nachwachsenden Generation in unseren Kreisen und Gemeinschaften zu verdeutlichen, daß unsere Orientierung an der Bibel nicht „frauenfeindlich", sondern – im Gegenteil – frauenfreundlich ist, wenn sie denn wirklich biblisch rückgebunden und offenbarungsorientiert ist.

Die Glaubwürdigkeit des Evangeliums steht auf dem Spiel

4. Das biblische Zeugnis von der gottgewollten Polarität der Geschlechter und das „anything goes" einer postmodernen Gesellschaft

Ein dreifacher Widerspruch gegen die „Polarität der Geschlechter"

Wer heute von einer gottgewollten Polarität der Geschlechter redet, muß aus einem mindestens dreifachen Grund mit Widerspruch oder Ablehnung rechnen. Diesen Widerspruch müssen wir uns vergegenwärtigen, wenn wir ihm angemessen begegnen wollen.

Geschlechterunterscheidung als Mittel der Frauenunterdrückung?

(1) Widerspruch von Seiten der Frauenbewegung: Da in der Vergangenheit die Rede von den nicht nur biologischen, sondern auch mentalen, psychologischen und anderen Geschlechtsunterschieden auch als Mittel benutzt wurde, Frauen zu unterdrücken, fällt heute fast automatisch auf alle Konzeptionen derselbe Verdacht, die von geschlechtsspezifischen Verhaltensweisen und Lebensverhältnissen reden. Man kann vor dem geschichtlichen Hintergrund kaum anders, als in einer geschlechtsspezifischen Zuweisung eine Repression oder Einengung der Entfaltung der Frau zu sehen: Soll sie hier wieder in einen Bereich zurückgedrängt werden, aus dessen Grenzen sie sich mühsam befreit hatte? Daß geschlechtsspezifische Verhaltensweisen und ggf. auch Lebensräume eine Befreiung und Entlastung darstellen können, vermag man sich heute weithin nicht mehr vorzustellen[4].

---

4. Es ist freilich vor allem in der zweiten Phase der Geschichte der modernen Frauenbewegung das Bemühen zu beobachten, die Gleichberechtigung von Mann und Frau nicht durch die Behauptung der Gleichartigkeit der beiden Geschlechter zu belegen. Man hat erkannt, daß diese Argumentationsform ja immer noch androzentriert ist und den Mann als Wesen und Kriterium des Menschseins unterstellt. Die moderne und postmoderne, ihrer selbst bewußt gewordene Frauenbewegung betont vielmehr das Geschlechtsspezifische der Frau, ihr Eigenrecht, das für Frauen kennzeichnende Fühlen und Denken im durchaus kritischen Gegenüber zum Mann. Aus der Suffragetten (= Frauenrechts)-Bewegung wird eine feministische Bewegung. (Diesen Vorgang dokumentiert sehr schön Alice Schwarzer: So fing es an! Die neue Frauenbewegung, München 1983; vgl. Rosemary Radford Ruether: Frauen für eine neue Gesellschaft. Frauenbewegung und menschliche Befreiung, München 1979). Problematisch ist an dieser neuen Form der Frauenbewegung, daß sie nicht bei der Betonung des eigenen Rechts und der Eigenart der Frau stehen bleibt – eine solche Artikulation des spezifisch Fraulichen ist ja ein Uranliegen biblischer Anthropologie –, sondern sich zur Betonung des Weiblichen als des essentiell, wesentlich und eigentlich Menschlichen und sogar Göttlichen versteigt. Die traditionelle Philosophie wird als bloß männlich, d.h. unsensibel und wirklichkeitsfern, abgetan und ihr eine feministische Philosophie entgegengestellt, die allein wahr zu denken vermag; die traditionelle Theologie und Exegese

Dies hat seinen Grund neben der negativ befrachteten Geschichte der Redeweise von geschlechtsspezifischen Merkmalen von Mann und Frau auch in der modernen Sozialwissenschaft.

(2) Widerspruch von Seiten der Sozialwissenschaft. Die westliche Soziologie ist weithin *die* Schlüsselwissenschaft für die Konzeption und Weiterentwicklung einer sich als fortschrittlich und emanzipativ begreifenden Gesellschaft. Fortschritt und Emanzipation vollziehen sich als Kritik und Destruktion aller überkommenen, einen solchen Fortschritt hemmenden und einer solchen Befreiung entgegenstehenden Verhältnissen. Das gilt ganz grundsätzlich sowohl für eine mehr bürgerlich-positivistische, wie auch für eine mehr marxistische, gesellschaftskritisch eingestellte Sozialwissenschaft. Zu den zentralen Theorieelementen einer solchen Soziologie gehört die Überzeugung von der prinzipiellen, nicht einzuschränkenden Variabilität des menschlichen Verhaltens. Diese Überzeugung schlägt sich vor allem in der Redeweise von den *„Rollen"*[5], eben auch den Geschlech-

---

wird als bloß männlich, d.h. einäugig, begrenzt, starr und verständnislos abgetan und an ihrer Stelle eine neue: eine feministische Theologie und Exegese gefordert. In der Konsequenz dieses Ansatzes liegt es dann, daß die Rede von Gott als Vater als nicht akzeptabler Ausdruck eines männlichen, zurückgebliebenen Gottesbildes abgelehnt werden muß und daß sich feministische Theologie dezidiert versteht als Kritik der Kreuzestheologie, die man nun begreift als Ausdruck eines zu überwindenden Glaubens an einen blutrünstigen, patriarchalischen Rache-Gott (vgl. Das Kreuz mit dem Kreuz. Feministisch-theologische Anfragen an die Kreuzes-Theologie. Ansätze feministischer Theologie, Hofgeismarer Protokolle, hrsg. von Eveline Valtink, 1990; Christa Mulack: Die Weiblichkeit Gottes. Matriarchale Voraussetzungen des Gottesbildes, Stuttgart, 2. Aufl. 1983; Art. Kreuz in: Wörterbuch der feministischen Theologie, Gütersloh 1991 (225-236), bes. 226 f., 229).

Abgesehen von der Frage, ob wir hier nicht vor einer schon im Alten Testament verworfenen Baalisierung des Gottesglaubens und umgekehrt vor einer Verneinung des stellvertretenden Todes Christi als Sühne stehen, fällt auf, daß diese neue Form des von selbstkritischen Feministinnen schon als „Weiblichkeitswahn" identifizierten Selbstbewußtseins (vgl. Schwarzer, ebd. 95 ff) eben nicht die biblische Polarität der Geschlechter einholt, sondern im Gegenteil wie die abendländische Tradition, wenn auch in genau umgekehrter Weise, so doch nach demselben Strickmuster die Überlegenheit eines Geschlechtes gegenüber dem anderen behauptet und die Gleichwertigkeit von Mann und Frau bestreitet.
5. Zur Entwicklung des Rollen-Begriffs in der modernen Anthropologie und zu seiner Bedeutung für die moderne Soziologie, vgl. den Art. Rolle von A. M. Rocheblave-Spenlè, in: Lexikon der Psychologie, hrsg. v. Wilhelm Arnold/Hans-Jürgen Eysenck und Richard

Polarität der Geschlechter als bloße „Geschlechter-Rollen"?

ter-Rollen, nieder. Der Begriff der Rolle stammt aus der Welt des Theaters[6]. Eine Rolle spielt man; der Schauspieler schlüpft in sie hinein, und er gibt sie auch wieder ab. Die Rolle macht nicht sein Ich aus; sie gehört nicht wirklich zu ihm. In jedem Fall unterstellt die weit verbreitete und suggestive Redeweise von den „Geschlechter-Rollen", daß diese dem Menschen als solchen bloß äußerlich und darum auferlegt sind. Es wird zwar eingeräumt, daß sich in allen Kulturen verschiedene geschlechtsausdifferenzierte Verhaltensweisen finden. Aber hierbei handelt es sich dann um bloße „Geschlechterrollen". Es entsteht der suggestive Eindruck, daß eben alles Reden von determinierten, „von Gott gewollten", im Wesen des Menschen angelegten geschlechtsspezifischen Verhaltensweisen nicht nur im Dienst der Repression und der Vorherrschaft der Männerwelt steht, sondern eben auch überholt ist, sich wissenschaftlich nicht rechtfertigen läßt. Denn alle diese Rollen sind ja veränderbar, austauschbar. Sie sind eben kein Gesetz der Meder und Perser.

Christlicher Glaube wird demgegenüber darauf aufmerksam machen müssen,

Keine prinzipielle Veränderbarkeit des Verhaltens

- daß schon die Tatsache, daß nahezu alle bekannten Kulturen geschlechtsspezifische Verhaltensweisen ausbilden, bemerkenswert ist, – auch wenn diese Spezifika der Geschlechter sich im einzelnen unterscheiden; daß die Mann und Frau betreffenden Verhaltensweisen und Verhaltenserwartungen sich im Lauf der Zeit selbstverständlich kulturbedingt im Rahmen einer gewissen Bandbreite ändern, daß dieser Sachverhalt aber doch nicht das Recht gibt, eine

---

Mili, Basel/Wien, 11. Aufl. 1980, Bd. 3, 1928-1933 (dort weitere Literaturangaben), sowie das Standardwerk von Ralf Dahrendorf: Homo Sociologicus. Ein Versuch zur Geschichte, Bedeutung und Kritik der Kategorie der sozialen Rolle, Köln/Opladen, 8. Aufl. 1969; T. Sachsse: Art. Rolle II, in: HWPh Bd. 8, Basel 1992, 1067-1070.

6. Dieser Begriff von Rolle im Sinne einer dem Rollenverhalten nicht wesentlich zukommenden Verhaltensweise ist schon bei Platon nachweisbar (vgl. seinen Dialog „Gesetze" 803 c). Zum Ganzen: R. Konersmann: Art. Rolle I, in: HWPh Bd. 8, Basel 1992, 1064-1067.

prinzipielle und grenzenlose Variabilität zu behaupten, die die Polarität des Menschen als Mann oder als Frau aufhebt.

- daß die Überzeugung von der schrankenlosen Variabilität des Verhaltens auch und gerade von Mann und Frau und die Abwehr jeder, auch aller grundlegenden Verhaltensdispositionen durch angeborene Faktoren selbst schon eine weltanschaulich-philosophische Voraussetzung und Haltung darstellt, die nicht selber wissenschaftlich ist, sondern alle wissenschaftliche Arbeit auf nicht unproblematische Weise beeinflußt. Entscheidend ist für unsere Gesprächslage, daß Christen wissen, in welche Fundamentalopposition zu gegenwärtig herrschenden und auch „wissenschaftlich begründeten" Annahmen sie sich hineinbegeben, wenn sie von der gottgewollten Polarität der Geschlechter sprechen, das Wesen des *Mensch*seins in seinem Sein *als Mann oder als Frau* (1 Mose 1,27; 5,2) sehen und darum der Rede von den bloßen Geschlechter-„rollen" nicht folgen, den Begriff der Rolle vielmehr differenziert und mit Bedacht verwenden[7].

Prägung des Menschen durch Umwelt und Vererbung

---

7. Hier gilt es noch, zwei Mißverständnissen zu wehren: (1) Selbstverständlich hat der Begriff der Rolle auch eine positive Funktion. Er kann nicht grundsätzlich abgelehnt werden. Wir alle übernehmen in verschiedenen sozialen Kontexten verschiedene Funktionen, „spielen" insofern als Ehepartner oder Eltern, Berufskollegen oder Freunde, Gemeindemitarbeiter oder Nachbarn auch „verschiedene Rollen". Wichtig ist, daß diese Funktionen bei uns nicht bloß äußerlich sind; daß dieses „Spielen" eine sehr ernste, Menschen als Beziehungswesen wesentlich zukommende Verhaltensweise darstellt. Problematisch wird die Redeweise von der Rolle erst dort, wo sie die Vorstellung fördert, alles sei variabel und jegliche Verhaltensweise sei dem Menschen als Menschen bloß äußerlich. (2) Ebenso selbstverständlich ist es richtig, daß Männer und Frauen auch in der Geschichte der Gemeinde Jesu Christi sehr unterschiedliche Verhaltensweisen gezeigt und entwickelt haben, daß das Verhältnis von Mann und Frau in der Gemeinde sehr verschieden bestimmt und gelebt worden ist. Das soll und kann so wenig bestritten werden wie der Freiraum, den die biblischen Offenbarungszeugnisse hier und an anderer Stelle zu kulturbildenden, sehr unterschiedlichen Verhaltensmustern eröffnen. Wichtig und entscheidend ist an dieser Stelle nur die Einsicht, daß die Bibel eine Polarität der Geschlechter bezeugt, die sich freilich in der jeweiligen Kultur sehr unterschiedlich darstellen kann. Diese Polarität ist im Rahmen der geoffenbarten Schöpfungs-, Erhaltungs- und Versöhnungsordnung (siehe dazu II. C., 1-3) durchaus variabel, steht aber eben nicht darin zur Disposition, *daß* es ein spezifisches Menschsein als Mann und ein ebenso spezifisches Menschsein als Frau gibt.

(3) Widerstand durch das postmoderne Dogma des „anything goes"(Alles ist möglich!)

Selbst-Bestimmung als oberster Wert

Noch härter ist der Gegensatz von biblischer Anthropologie und Ethik der Geschlechter einerseits und der postmodernen Überzeugung: Der einzelne ist sich selbst Gesetz. Es gibt keine umgreifenden und übergreifenden Orientierungen, die dem einzelnen Menschen vorgegeben wären und an denen der einzelne sein Verhalten orientieren könnte. Diese radikal gedachte Selbst-Bestimmung, Autonomie, ist Folge einer konsequent zuendegedachten Selbstverwirklichungsforderung. Konsequent kann ich mich nur dann selbst verwirklichen, wenn alle Schranken beseitigt sind, die mich einengen können oder bevormunden wollen. Logisches Resultat ist die Leugnung aller solcher Vorgaben und die Aufforderung, allein den eigenen Lebens-Entwürfen zu folgen, allein sich selbst verpflichtet zu sein[8].

„Wille Gottes" als Hindernis für Selbstfindung

Schon die Rede vom Mann- und Frau-Sein des Menschen stellt unter diesem Blickwinkel eine enorme Einengung dar, die den einzelnen in seiner Selbstfindung nur behindern kann. Dieser postmoderne Horizont führt dazu, daß man nicht nur das Mann- und Frau-Sein des Menschen als natürliche Vorgegebenheit menschlicher Existenz bestreitet und z.B. homosexuelle Lebensweise als ebenso legitimen, wenn nicht berechtigteren, emanzipatorischen Lebensentwurf propagiert und schließlich – weil die Vorgabe entweder hetero- oder homosexuell zu sehr einengt – man auch Bisexualität als „viertes Geschlecht" zu etablieren sucht[9].

---

8. Vgl. Heinzpeter Hempelmann: Emanzipation und Selbstverwirklichung aus philosophischer und aus biblischer Sicht, in: ThBeitr 16. Jg. (1985), 71-96.

9. Vgl. zur Diskussion um die Homosexualität: Die Wahrheit festhalten in Liebe. Theologische Erklärung der Pfarrer-Gebetsbruderschaft zum Verhältnis von Bibel, Kirche und Homosexualität, Marburg o.J. (1996).

Zur Propagierung der Bisexualität als „viertem Geschlecht", vgl. Francis Hüsers/Almut König: Bisexualität, Stuttgart, 1995; als Überblick über die gegenwärtige Diskussion zum Thema „Bisexualität" vgl. die Titel-Story des SPIEGEL, Nr. 5, vom 29.01.96: „Bisexualität – die Verwirrung der Geschlechter", 96-115.

Dies ist der gesellschaftliche Horizont, in dem Christen die biblisch als gottgewollt bezeugte Polarität des Menschen als Mann und Frau und d.h. den Menschen als entweder Mann *oder* Frau zur Geltung zu bringen und zu bezeugen haben.

Christen werden sehr grundsätzlich zurückfragen müssen,

- ob die schrankenlose, prinzipielle Variabilität des Verhaltens den Menschen nicht überfordert, ihm ein Joch auferlegt, das er nicht zu tragen vermag, weil er der Aufgabe, seinem Leben selbst Sinn und Form zu geben, nicht gewachsen ist, weil er eben nur Mensch und nicht Gott, nicht Schöpfer seiner selbst ist;

   Totale Selbstbestimmung als Überforderung

- ob hier nicht letztlich der kulturlose Mensch, das Abstraktum des puren Menschen, im Blick ist. Aber kann sich der pure, reine Mensch noch verwirklichen? Was wäre denn dann noch da, das zu verwirklichen wäre, wenn alles *Vor*gegebene als uneigentlich abzustreifen und als einengende Vorgabe abzuwehren wäre?

   Der kulturlose Mensch

- was denn vom Menschsein des Menschen noch bleibt, wenn von seinem Mann- und Frau-sein zu abstrahieren ist; ob es sich bei der fundamentalen Bestimmung des Mensch- als Mann- oder Frau-Seins nicht im Gegenteil um eine wesentliche, alle Kulturen bereichernde Perspektive handelt, die Lebensmöglichkeiten und Profil nicht verschließt, sondern erschließt;

   Der Mensch ist Mann oder Frau

- ob tatsächlich zur Entscheidung steht, *ob* man solche geschlechtsspezifische Kultur *will* – sie zu verwerfen, wäre ja völlig wirklichkeitsfern, geschichtslos und zugleich utopisch –, sondern *wie* man mit ihr in einer Weise umgeht, die die Kreativität des Menschen nicht einengt, sondern entbindet und erst zur Entfaltung verhilft.

   Jede Kultur ist geschlechtsspezifisch geprägt

B. Verheißungshorizont: Leben durch die weisen Weisungen des Schöpfers

Aus diesem gesellschaftlichen Kontext ergeben sich drei Herausforderungen, denen unsere Überlegungen zur Stellung der Frau genügen müssen:

1. Profiliertes Wortzeugnis

Christlicher Glaube und christliches Leben als Gegen-Kultur

Es gilt zunächst, die eigene Position so klar und deutlich wie möglich darzustellen und im Gegenüber zu anderen Auffassungen zu verdeutlichen, daß und inwiefern es sich nicht um überholte, sondern um fundamental andere: alternative Positionen handelt. Es muß deutlich werden, inwiefern christlicher Glaube im Kontext einer nachchristlichen Gesellschaft eine Gegenkultur darstellt, die von anderen als den gängigen, unkritisch geglaubten postmodernen Dogmen lebt.

2. Profiliertes Lebenszeugnis

Auf die Gestalt unseres Lebens kommt es an

Dieses Wortzeugnis hat aber nicht nur einen apologetisch-defensiven Verteidigungs-, sondern auch einen werbenden Charakter. Es muß und wird sich herausstellen, inwiefern die Orientierung an der Bibel nicht zu frauenfeindlichen, sondern ganz im Gegenteil zu frauenfreundlichen Ergebnissen führt; inwiefern die Rede von geschlechtsspezifischen Verhaltensweisen nicht Leben verneinend, sondern Leben eröffnend ist; inwiefern sie nicht einengt, sondern befreit. Dieses Zeugnis für das Leben wird angesichts der nahezu notwendigen Mißverständnisse und Verstehensblockaden (vgl. A., 1-4) nicht als bloße Theorie überzeugen können; es wird für die Orientierung an der Weisung Gottes nur dort werben können, wo es buchstäblich zum *Lebens*zeugnis, zum gelebten Zeugnis wird, in dem Gottes Wort eine anschauliche, ansehbare, wahrnehmbare und werbende Gestalt gewinnt (vgl. 2 Kor 3,3).

3. Ganzheitliches Denken

Damit ist klar, daß wir uns nicht auf eine isolierte Erörterung der Frage beschränken können, was eine Frau in der Gemeinde darf und was sie nicht darf. Schon eine solche Fragestellung würde den Verdacht derer nähren, die hier nur einen neuen Versuch der „Männerwelt" wittern, die Lebensmöglichkeiten der Frau zu beschneiden. Notwendig ist ein Aufbrechen dieser rein defensiven und in ihrer Beschränkung problematischen Fragestellung. Notwendig ist ein anderer Ansatz- und Ausgangspunkt. Wie hat Gott das Verhältnis von Mann und Frau gewollt? Und inwiefern ist dies eine Ordnung zum Leben? Und inwiefern lassen sich im Rahmen dieses Koordinatensystems einsichtige und sinnvoll abgeleitete Aussagen über den Dienst der Frau in der Gemeinde machen, die dann nicht mehr nur den Charakter einer Eingrenzung und Beschränkung haben?

Gegen eine Engführung unserer Frage

Wie hat Gott das Verhältnis von Mann und Frau gewollt?

Notwendig ist darum auch der Blick auf die Art und Weise, wie in unseren Gemeinden und Gemeinschaften, wie in unseren Gremien und Leitungskreisen Männer und Frauen miteinander umgehen. Es wäre dabei von vornherein eine Verengung, wollte man sich auf die Frage nach dem Verkündigungsdienst der Frau und nach der Legitimität von Frauen in Leitungsämtern beschränken. Es muß das Ganze des Zusammenlebens von Männern und Frauen in der Gemeinde Jesu in den Blick kommen. Inwieweit prägt die Gottebenbildlichkeit des Menschen als Mann und Frau und die in Christus begonnene neue Schöpfung schon unsere alltäglichen Beziehungen in Gemeinde und christlicher Familie? Es wäre völlig verfehlt, hier nur im Blick auf eine nicht unwichtige, aber eben doch nur einzelne Frage „gehorsam" sein zu wollen, aber nicht das große Ganze des Verhältnisses von Mann und Frau, besser: Bruder und Schwester im Licht der Heiligen Schrift zu sehen und von ihr her neu gestalten zu wollen.

Die entscheidende Perspektive: Mann und Frau als Teil der neuen Schöpfung

4. Strukturen zum Leben

Gottes Gebote sind zum Leben gegeben

Wir leben in einer Zeit, in der Nicht-Christen und auch viele Christen weithin allen Ordnungen argwöhnisch begegnen, weil sie diese vor allem als Einschränkung persönlicher Freiheit und als Beschränkung der Individualität empfinden. So sehr wir auf der einen Seite eine solche Verdächtigung und Abwehr von Ordnungen verstehen können – zumal da, wo von Geschlechterordnungen als Wesensbestimmungen von Mann und Frau die Rede ist –, so sehr müssen wir doch auf der anderen Seite ihrer Verunglimpfung widerstehen, nicht um einer religiösen Moralität, sondern um des Menschen willen, der durch sie leben kann und soll: „Meine Satzungen und meine Rechte (Rechtssätze) sollt ihr beobachten; denn der Mensch, der sie tut, wird durch sie leben. Ich bin Jahwe" (3 Mose 18,5). In den Weisungen des lebendigen Gottes spiegeln sich die Strukturen seiner Schöpfung wider.

Der Schöpfer weiß am besten, wie seine Schöpfung funktioniert

Der Schöpfergott weiß am besten, wie wir Menschen-Geschöpfe uns seiner Schöpfung angemessen verhalten und was wir tun müssen, um in ihr zu einem erfüllten und möglichst konfliktarmen Leben zu kommen. In den biblischen Texten begegnen uns auch auf dem Gebiet der Ethik der Geschlechter die Grundzüge des Mann- und Frau-Seins, wie es Gott selbst in seine Schöpfung hineingelegt hat. Wer diesen Grundzügen und d.h. den Weisungen Gottes *ent*spricht, der lebt besser als der, der ihnen *wider*spricht und ihnen *zuwider*handelt.

Es ist vor diesem Verheißungshorizont ein wirklich diabolischer Vorgang, daß die Ordnungen, die zum Leben gegeben wurden, bis in den Bereich der Gemeinde hinein immer wieder so pervertiert worden und damit so undeutlich geworden sind, daß man ausgerechnet von ihnen für ein helfendes, wohltuendes, erfülltes Verhältnis von Mann und Frau nichts mehr erwartet.

Gottes Weisungen führen zur Entfaltung von Mann und Frau

Dieses diabolische Wirken des großen Durcheinanderwerfers (diabolos: vgl. Joh 13,2; 1 Tim 3,3; 1 Petr 5,8) darf aber nicht dauerhaft den Blick dafür verstellen, daß

Gott seine Weisungen nicht gegeben hat, um den Menschen in seiner Entfaltung einzuengen; daß sie im Gegenteil dazu dienen, um seine Entfaltung als Mann und Frau erst zu ermöglichen; daß die Entfaltung von Mann und Frau erst dort und vor allem dort gelingt, wo man diesen guten Strukturen zum Leben entspricht und den Weg-Weisungen zum Leben folgt, die Gott in seiner großen Güte dem Menschen geschichtlich offenbar gemacht hat.

Christen wird dabei der Gegensatz im Grundsätzlichen deutlich vor Augen stehen, der sie von ihren Zeitgenossen trennt. Während sie von einer vom Schöpfer gegebenen Polarität der Geschlechter wissen und das Verhältnis von Mann und Frau dem Willen Gottes entsprechend zu leben suchen, ist der selbstverständliche Ausgangspunkt derer, die sich von diesen biblischen Traditionen entfernt haben, daß es eine solche „gottgewollte", wesenmäßige Bestimmung von Mann und Frau nicht gibt, darum auch entsprechende Normen nicht geben kann.

Christen im Gegensatz zu einer nicht-christlichen Gesellschaft

Christen werden im Wissen um diesen tiefen Gegensatz die Verheißung Gottes beim Wort nehmen und diesen Gott selbst seine Wahrheit in ihrem Leben und Zusammenleben bewähren lassen.

Gottes Verheißung beim Wort nehmen

C. Gemeindlicher Horizont

Erst eine solche Wahrnehmung der biblischen Vorgaben als Verheißungen zum Leben kann uns helfen, mit Ängsten und anderen Blockaden umzugehen, die sich im Gesprächs-Raum der Gemeinschaftsbewegung, auch im Raum der Liebenzeller Mission und der angeschlossenen Verbände in verschiedener Ausprägung finden:

- Zum einen als Angst vor einem Eindringen einer feministischen Einstellung auch in den Bereich der Gemeinschaften,
- zum andern als entgegengesetzte Angst, mit der Bi-

Die Spannweite der Anschauungen

bel unter dem Arm solle weiterhin der unbiblischen Unterdrückung der Frau das Wort geredet und ihre Zurückstellung zementiert werden.

Notwendig ist in dieser Situation ein dreifaches:

Bereit sein zur Korrektur

(1) Wir müssen miteinander bereit sein, unsere Ängste und Befürchtungen zurückzustellen, um *Gottes* Willen wahrzunehmen – auch dann, wenn dieser vielleicht unbequem ist, weil er uns zu Korrekturen unserer mitgebrachten Haltungen zwingt.

Einer den anderen höher achten als sich selbst

(2) Diese Wahrnehmung gelingt um so besser und um so eher, je mehr wir den anderen Christen mit seiner jeweils anderen, womöglich entgegengesetzten Position höher achten als uns selbst, also als unsere eigene Erkenntnis (Phil 2,3). Wo das von allen Seiten praktiziert wird, führt das gerade nicht zu faulen, weil der Bibel nicht gerechtwerdenden Kompromissen, sondern im Gegenteil zu einer Offenheit und Demut, mit der ich die Irrtumsfähigkeit auch meiner um biblische Begründungen bemühten Position wahrnehme und gerade darum weiterschreiten kann zu einer womöglich vertieften Erkenntnis des Willens Gottes.

Die Bibel steht höher als jede Tradition

(3) Als Christen sind wir an die Autorität der Heiligen Schrift gebunden. Darum kann das bloße Herkommen, also eine bestimmte Denk- oder Verhaltens*tradition* als solche kein Argument darstellen. Eine bestimmte Position zur Stellung der Frau und ihrem Dienst ist nicht schon deshalb richtig, weil sie ja „schon immer" so in einem Werk gesehen wurde und wir nun von diesem „Grundsatz" nicht abweichen wollen, etwa weil wir Unruhe befürchten. Es gibt eine heilsame Unruhe und Verunsicherung, die daraus resultiert, daß wir der Bibel die Chance geben, hergebrachte Einstellungen und Verhaltensweisen in Frage zu stellen. Wer sich dieser Beunruhigung entzieht, macht für sich das Wort Gottes in seiner kritischen, korrigierenden und damit heilsamen Kraft unwirksam.

Vor Gott gilt weder das „Bei uns hat eine Frau noch nie ..." noch das „Bei uns hat eine Frau schon immer ..."

etwas. Im einen Fall droht eine Haltung, die deshalb patriarchalisch, ideologisch wird, weil sie sich unabhängig von der Bibel begründet. Im anderen Fall gewinnt ein ebenfalls unbiblischer Pragmatismus die Oberhand, für den schon das richtig ist, was sich bewährt hat, und der dabei übersieht, daß Gott auch auf unseren krummen Linien gerade schreibt und unbegreiflicherweise immer und überall Menschen gebraucht, die Sünder sind, um seinen Willen weiter zum Ziel zu bringen. Mit anderen Worten, Gott kann auch ungehorsames, seinem Willen nicht entsprechendes Verhalten gebrauchen, sogar segnen, ohne daß damit doch schon dieses Verhalten als solches „abgesegnet", von ihm als richtig anerkannt ist.

Die Bibel steht höher als jede bewährte Praxis

Besondere Sensibilität verdient der Umgang mit der Liebenzeller Schwesternschaft und umfassender noch: mit den zahlreichen, etwa auch als Diakoninnen Dienst tuenden unverheirateten oder auch verheirateten Frauen. Unter ihnen gibt es viele, die tiefe und ihren Dienst stark beeinträchtigende Verletzungen davongetragen haben. Auf dem Missionsfeld erprobt, bewährt im Verkündigungsdienst und oft auch in gemeindeleitenden Ämtern, finden sie manchmal in der Heimat oder auch nach einem Wechsel von einer Gemeinschaft in eine andere völlig unterschiedliche Regelungen und Einstellungen zu ihrem Dienst vor, die sie verwunden und in ihrer Motivation schwächen können, weil sie zu dem *Eindruck* zu führen vermögen, die jeweilige Gestalt des Dienstes der Frau hänge eben nicht von biblischen Kriterien ab, sondern von der Einstellung des jeweiligen Predigers bzw. Gemeindeleiters[10].

Notwendig: neue Sensibilität für den Dienst der Frau

---

10. Es gibt eine nicht geringe Zahl von Liebenzeller Schwestern, denen ein eindeutiges Nein zu jedem Verkündigungsdienst der Frau lieber wäre als die – sicherlich *nicht beabsichtigte*, aber eben doch als solche empfundene – Demütigung, die darin liegt, von Fall zu Fall von der Subjektivität der jeweiligen Gemeindeleitung abhängig zu sein. Manche fragen, ob es nicht nur demütigend, sondern inkonsequent ist, wenn Schwestern bzw. Diakoninnen etwa nur vor den kleineren Gemeinschaftskreisen die Verkündigung wahrnehmen dürfen bzw. nur dann vor der großen Versammlung predigen zu können, wenn der Prediger selbst verhindert ist.

Unabhängig von der Sachfrage, welches der Dienst ist, der der Frau nach Gottes Willen zukommt, muß darum dreierlei klar sein:

Die Wahrheit festhalten in Liebe

(a) Jede Wahrheit des christlichen Glaubens, alles, was wir als Wahrheit erkannt haben, zeichnet sich als *christliche* Wahrheit dadurch aus, daß wir es festhalten, bekennen, gestalten – *in Liebe* (Eph 4,13). Wo wir dem oder der anderen die Wahrheit wie ein nasses Tuch um die Ohren schlagen, wo wir die Wahrheit wie eine Keule benutzen, wo hinter dieser Wahrheit nicht mehr die Liebe dessen sichtbar und spürbar ist, dessen Wahrheit wir zur Geltung bringen wollen, – da haben wir durch unsere Lieblosigkeit auch ein stückweit schon die Wahrheit verraten, die doch Gottes Liebe und Barmherzigkeit in Person ist.

Notwendig: einheitliche Regelungen

(b) Es ist notvoll, wenn nicht nur innerhalb der Gemeinde Jesu, sondern sogar innerhalb eines Werkes oder der miteinander verbundenen Verbände verschiedene Verfahrens- und Verhaltensweisen praktiziert werden, weil man sich nicht auf Grundsätze verständigen kann oder will, die generell gelten sollen. Der gutgemeinte Vorsatz, niemanden verletzen oder in seinem Gewissen belasten zu wollen, hat – wie die oft notvolle Erfahrung zeigt – im Endeffekt die gegenteilige Wirkung.

Wenn die Bibel nicht eindeutig ist

(c) Wir brauchen eine Regelung, die für alle Gültigkeit besitzt; die verläßlich ist und auf die sich jeder Mann wie jede Frau, auch jede Gemeinde einstellen kann. Wenn es so sein sollte, daß wir uns nicht auf eine klar definierte Lösung verständigen können, dann muß sich auch dieses Ergebnis in Form einer entsprechend weiten Regelung niederschlagen, die verschiedene Verhaltensmodelle als legitim in der Gemeinde Gottes anerkennt.

Wenn es so ist, daß sich die um die Erkenntnis der biblischen Sachverhalte bemühten Verantwortlichen nicht auf eine einheitliche Sicht verständigen bzw. diese finden können, dann ist auch dieser exegetische Sachverhalt von biblisch-theologischer Bedeutung. Gott enthält uns dann in dieser oder jener Frage von minderem Gewicht die Eindeutigkeit vor, nach der wir suchen. Der Spielraum, der sich daraus ergibt, ist dann als solcher schon theologisch zu würdigen, wahrzunehmen und entsprechend auch in die gemeindliche Praxis umzusetzen.

Damit stehen wir schon vor der Frage nach den uns leitenden und verbindenden Auslegungsgrundsätzen.

D. Hermeneutischer Horizont: Wie legen wir die Schrift verbindlich aus?

1. Wir nehmen die Bibel ernst als Gottes-Wort und Menschen-Wort

Wir erkennen die Bibel als höchste Autorität in allen Fragen an, zu denen sie sich äußert. Wir verzichten darum auf alle Besserwisserei und sind bereit, uns auch als Christen mit unseren hergebrachten und mitgebrachten Vorstellungen immer neu von der Bibel als Gottes Wort in Frage stellen, kritisieren und korrigieren zu lassen – auch und gerade in der vorliegenden Frage nach Stellung und Dienst der Frau. Wie sich der dreieinige Gott seinem Wesen als Liebe gemäß (vgl. 1 Joh 4,8.16) in der Schöpfung und vor allem in der Fleischwerdung des Sohnes (Joh 1,14; Phil 2,5-11; Gal 4,4) zu uns herniederneigt, so begegnet uns auch das Gottes-Wort der Bibel als Menschen-Wort.

Ganz Gottes-Wort – ganz Menschen-Wort

Wir nehmen die geschichtliche Gestalt des Redens Gottes ernst, wenn wir den historischen Charakter der biblischen Schriften wahrnehmen.

Gott redet in der Geschichte

Diese Erkenntnis der historischen Gestalt des in die Geschichte ergehenden Redens Gottes verführt uns jedoch nicht zur Abwertung irgendwelcher Aussagen der Heiligen Schrift als „bloß zeitbedingt", was heißen soll: bloß damals gültig, aber doch heute nicht mehr.

Bloß „zeitbedingt"?

Mit einem Werturteil „hier zeitbedingt – dort nicht zeitbedingt; hier überholt – dort zeitlos gültig" maßt sich

Richter „über" die Schrift

der Mensch einen Standpunkt *über* der Bibel an. Wo er meint, selber beurteilen zu können, was gültig und was nicht mehr gültig, was zeitbedingte Schale und göttlicher Wahrheitskern ist, da stellt er sich letztlich über Gottes Wort und macht sich zu dessen Richter. Wer einen solchen Urteilsstandpunkt einnimmt und selber Kraft eigener Weisheit zu entscheiden weiß, was in der Bibel überzeitliche Wahrheit ist und was nicht, der macht die Bibel letztlich überflüssig; der braucht sie nicht mehr.

Nicht zeitbedingt, nicht zeitgemäß

Wir verzichten darum auf alle unbedachten Urteile über zeitbedingte oder nicht zeitbedingte Aussagen in der Bibel. Daß viele ihrer Aussagen nicht zeit*gemäß* sind, nicht unserer Zeit entsprechen, ist uns Anlaß, nicht die Bibel, sondern unsere Zeit und uns selbst in Frage zu stellen.

aber zeitbezogen

Umgekehrt wissen wir darum, daß Gottes Wort in der Bibel nicht zeitbedingt, aber *zeitbezogen* ergeht. Der erste Brief an die Korinther richtet sich beispielsweise zunächst und zuerst an die Gemeinde in Korinth und nicht an uns; und wir haben gerade dann, wenn wir nach Gottes Willen für unsere Situation fragen, zunächst ernstzunehmen, was beispielsweise zu Beginn des ersten Timotheusbriefes ausdrücklich steht: Paulus schreibt nicht an uns, sondern an seinen Bruder und Mitkämpfer für das Evangelium, an *Timotheus!* Und er hat in beiden Briefen bestimmte Zustände vor Augen, auf die er sich bezieht; er sagt den Willen Gottes in bestimmte Situationen hinein, die nicht automatisch auch unsere Situationen sind. Für die richtige Auslegung dieser Stellen ergibt sich daraus der Grundsatz, daß wir die Situation, um die es geht, so genau wie möglich erkennen müssen, um dann umgekehrt den grundsätzlichen Willen Gottes, der für alle Zeiten gilt und autoritativ in die jeweilige Situation hinein ergeht, so präzise wie möglich (1) bestimmen und dann (2) in unsere Situation hinein übertragen zu können.

Die Bibel als Geschichtsbuch Gottes ernst nehmen

Situation und Willen Gottes unterscheiden

Andernfalls droht die Gefahr der Verwechslung von Situation und Wille Gottes, und wir nehmen etwas als

Willen Gottes, was doch nur Kennzeichen einer bestimmten Situation, etwa der Korinthischen Gemeinde, ist[11].

Die Bibel gebietet uns also selbst, daß wir sie in ihrer historischen Verwurzelung ganz ernst nehmen, damit wir den Willen Gottes erkennen können, der in ihr eine menschliche Gestalt gewonnen hat, um verstanden zu werden und mitgeteilt werden zu können.

Bibel (er)fordert historische Wahrnehmung

Wir verweigern uns also sowohl Urteilen wie „die Äußerungen der Bibel über Frauen sind doch bloß zeitbedingt", will sagen: sie haben für uns heute keine Bedeutung, wie auch Auslegungen, die nicht unterscheiden zwischen unserer Situation heute und der der Gemeinde damals.

2. Die Heilige Schrift legt sich selbst aus

Wer den Willen Gottes erkennen will, muß sich

(a) das Gesamt der Stellen- und Textzusammenhänge vergegenwärtigen, das sich mit dem entsprechenden Thema beschäftigt; er darf sich nicht nur auf einen Text

Alle biblischen Belege berücksichtigen

---

11. Der Unterschied zwischen dem Qualitätsurteil „(bloß) *zeitbedingt*", das eine biblische Aussage letztlich entwertet, und der Einsicht in die „*Zeitbezogenheit*", die aus der Wahrnehmung der Erniedrigung Gottes resultiert und Gottes Willen gerade erkennen und ernstnehmen will, läßt sich z.B. an der viel diskutierten Frage illustrieren, ob Christinnen kurze Haare tragen dürfen.
Oft ist das Urteil „*zeitbedingt*" nur ein – freilich untauglicher und hilfloser – Versuch gewesen, sich gegen ein geschichtsloses, gesetzliches „da steht es doch geschrieben!" zu wehren. So steht ja tatsächlich 1 Kor 11,6 geschrieben, daß es für eine Frau „schändlich (aischros)" ist, wenn ihr Haar abgeschnitten ist oder sie geschoren wird. Und man hat unter Bezugnahme auf diese Stelle gemeint, sich bibeltreu zu verhalten, wenn man als Christin keine kurzen Haare trägt.
Wichtig ist nun, daß diese Aussage 1 Kor 11,6 mit Sicherheit nicht überholt ist, nicht bloß eine zeitbedingte Geltung hatte, uns heute also nichts mehr zu sagen hätte. Was Paulus hier ausspricht, das hat Bedeutung heute genauso, wie es zu seiner Zeit wichtig war und morgen noch zu beachten sein wird. Wir verstehen 1 Kor 11,6 aber erst richtig und wir nehmen erst richtig wahr, was Gott uns hier sagen will, wenn wir die Anweisung des Paulus *zeitbezogen* lesen, also auf die damaligen Umstände beziehen. Geschoren zu sein und kurze Haare zu tragen, das war damals und dort Kennzeichen der Prostituierten, an dem ihr Beruf öffentlich erkennbar war. Paulus sagt also: „Seid nicht verwechselbar mit solchen Frauen! Das paßt nicht zu solchen, die in der Nachfolge Jesu leben!" Dieser Aussagewille und dieser Wille Gottes ist nun alles andere als überholt. Er gilt auch heute. Nur hat er heute eine andere, auf unsere Zeit bezogene Konsequenz. Nehmen wir einmal an, was tatsächlich häufig der Fall ist, daß es heute geradezu das Kennzeichen des betreffenden Berufsstandes ist, lange, offen Haare zu tragen, dann müßten Christinnen heute genau diese lange, offene getragene Haartracht vermeiden, wenn sie Gottes Willen entsprechen wollen! Aber

oder eine Stellenauswahl beziehen, die etwa die eigene mitgebrachte Position zu bestätigen scheint, und über andere Texte hinwegsehen, die vielleicht anders akzentuieren;

Den Zusammenhang des Großen/ Ganzen beachten

(b) dem biblisch-theologischen Gesamtzusammenhang stellen, dem die betreffende Thematik zuzuordnen ist. Für unsere Frage bedeutet das,

Bibellesen zur Selbstbestätigung?

(a) daß es eben nicht reicht, sich auf 1 Kor 14,30 ff. oder 1 Tim 2,8 ff. zu beschränken oder aber allein von Gal 3,28 auszugehen. Eine bloße Beschränkung auf die einen oder die anderen, jeweils scheinbar die eine oder die andere Position stützenden Bibelstellen käme in der Sache, ohne daß man das will, einer unfrommen Selbstbestätigung gleich. Hier würde die Bibel mißbraucht. Ich darf die Bibel nicht so lesen, daß sie mich lediglich in dem bestätigt, was ich doch ohnehin schon denke. Gerade dort, wo wir die Bibel als autoritative Urkunde Gottes ernstnehmen wollen, kommt es darauf an, daß wir sie nicht bloß mit unserer Brille lesen oder bloß selektiv lesen und das ausblenden, was nicht in unser Konzept von ihr paßt;

selbst hier hinge man noch zu sehr am Buchstaben: Was Paulus im Namen Gottes will, ist eine bestimmte Sittlichkeit, die eben auch die Frage der Kleidung und des Äußeren miteinbezieht. Wie diese Sittlichkeit sich in der jeweiligen Situation und Gesellschaft *konkret* gestaltet, ist eine Frage, die dann von Fall zu Fall zu beantworten ist.
So ist es in einer Gesellschaft, in der die Frauen ganz mehrheitlich Hosen tragen, nicht richtig, nur und ausschließlich Röcke als Frauenkleidung anzusehen. Wiederum gilt es, die Bibel zeitbezogen zu lesen und zu fragen, was sie eigentlich sagt, wenn sie den Frauen verbietet, „Männerzeug" anzuziehen, und den Männern verbietet, das Gewand einer Frau anzuziehen (5 Mo 22,5). In einer Gesellschaft, in der hier nicht mehr unterschieden werden kann, eben weil eine Unisex-Mode allgemein verbreitet ist und gepflegt wird, kommt es darauf an, der Polarität der Geschlechter einen (anderen) adäquaten Ausdruck zu geben. Die starke Aussage 5 Mo 22,5, die Überschreitung der Kleidergrenzen stelle für Gott ein „Greuel" dar, ist darin begründet, daß der lebendige Gott in jeglicher Form von Transvestitentum, also in einer Überschreitung und Verwischung der Geschlechtergrenzen eine lebensbedrohende Unordnung sieht. Das ist der Sinn dieser Weisung, die es unter den heutigen, zugegebenermaßen erschwerten Bedingungen zunächst zu verstehen und entsprechend umzusetzen gilt. Gemeinsam müssen wir nach Wegen suchen, in der jeweiligen Gegenwart, der jeweiligen neuen Situation und unter den gegenüber der biblischen Ursprungssituation veränderten Umständen dem Willen Gottes eine konkrete Lebensgestalt zu geben. Diese zum Leben helfende Konkretion der Nachfolge ergibt sich freilich weder dort, wo man solche Bestimmungen nur als zeitbedingt verwirft; sie ergibt sich aber genausowenig dort, wo man stehen bleibt bei der gedankenlosen Auskunft „aber so steht es doch da".

(b) daß die Frage nach dem Dienst der Frau im Gesamtzusammenhang des von Gott gewollten Verhältnisses von Mann und Frau behandelt und gesehen werden muß.

Ein bloßes Belegstellenverfahren, das nur einzelne Bibelstellen nennt, aber diese nicht in dem Gesamtzusammenhang des göttlichen Willens und Wirkens einordnet, greift zu kurz.

Das Gesamtzeugnis der Bibel zu Mann und Frau ernst nehmen

3. Wir unterstellen bis zum Beweis des Gegenteils die Einheitlichkeit und Widerspruchslosigkeit der einzelnen Texte zur Sache

So sehr wir uns einerseits vor einer zwanghaften, künstlichen, nicht glaubwürdigen Harmonisierung von Aussagen hüten, die der Bibel keinen guten Dienst tut, ihre Glaubwürdigkeit eher beschädigt als fördert und vor allem dem tatsächlichen Spektrum ihrer Aussagen auch nicht gerecht wird, sondern ihr so oder so Gewalt antun würde, so sehr gehen wir umgekehrt bis zum Beweis des Gegenteils von einer einheitlichen Gesamtschau bei Paulus und in der Urgemeinde aus, die sich dann auch in Regelungen Ausdruck verschafft, die dieser in sich stimmigen Gesamtkonzeption entsprechen und darum auf eine solche hin zu lesen sind.

Vorgabe: Paulus hatte eine einheitliche Sicht

Ganz gleich, ob 1 Kor 14,33b zu Vers 33a oder zu Vers 34a zu ordnen ist, – Paulus will „in allen Gemeinden" eine einheitliche Ordnung und Regelung des Gottesdienstes (vgl. 4,17; 7,17). Diese verdankt sich nicht seiner subjektiven Willkür oder seinem persönlichen Ermessen. Sie gründet vielmehr in seinem Bestreben, den einen Willen Gottes in allen Gemeinden durchzusetzen. Von diesem Willen hatte er offenbar eine recht konkrete Vorstellung, sowohl im Hinblick auf die Ordnung des Gottesdienstes, als auch im Hinblick auf das gottgewollte Verhältnis der Geschlechter, das für ihn – wie noch zu zeigen sein wird – der entscheidende, normgebende Horizont ist.

Hermeneutisch, d.h. im Hinblick auf den Umgang mit den Texten, bedeutet dies, daß wir nicht vorschnell von

Nicht vorschnell Spannungen in der Bibel unterstellen

Spannungen, Widersprüchen oder Unvereinbarkeiten reden, sondern davon ausgehen, daß die einzelnen Aussagen Teile eines in sich stimmigen Gesamtzusammenhanges darstellen, den es zu entdecken und herauszuarbeiten gilt. So räumen wir der Heiligen Schrift einen Vorrang vor unseren Gedanken und Konstruktionen ein.

4. Wir legen die Heilige Schrift von ihrer Mitte zu ihren Rändern und von den hellen zu den dunklen Stellen hin aus.

Die Bibel ist unterschiedlich deutlich

Es gibt Aussagen in der Heiligen Schrift, die sind sonnenklar, und es gibt solche, deren Sinn bleibt dunkel und dementsprechend umstritten, wenn man sie nicht in einem größeren Zusammenhang sieht.

Die „helle Mitte"

Es gibt in der Bibel eine helle Mitte: ihr Zentralanliegen, über das man schlechterdings nicht streiten kann: den Heilswillen Gottes, die Selbstoffenbarung Gottes in Jesus Christus und die sich aus diesem soteriologischen Zentrum ergebenden Bestimmungen Gottes und des Menschen. Und es gibt demgegenüber Fragen, die mehr „am Rande liegen" und in denen die Bibel weniger eindeutig ist und die ihr und wohl auch Gott weniger wichtig sind[12].

Im Blick auf die uns beschäftigende Frage nach dem Dienst der Frau bedeutet das:

Von der klaren Mitte ausgehen

(a) Wir bedenken diese Frage vom Zentrum, vom Mittelpunkt des christlichen Glaubens her. Unsere Lehrbildung nimmt von der erkennbaren Mitte ihren Ausgangspunkt und setzt nicht bei peripheren, aus dem Zusammenhang gerissenen Einzelaussagen an. Wir werden darum sowohl 1 Kor 14,33 ff. wie auch 1 Tim 2,8 ff. nicht isoliert betrachten, sondern verstehen müssen von der

---

12. Hierbei handelt es sich um einen von Luther gegen Erasmus von Rotterdam erkämpften und ans Licht gebrachten Grundsatz reformatorischer Schriftauslegung. Vgl. Martin Luther: Daß der freie Wille nichts sei. Antwort D. Martin Luthers an Erasmus von Rotterdam, München 1975 (Martin Luther; Ausgewählte Werke, hrsg. von H.H. Borchert und Georg Merz; Ergänzungsreihe Bd 1), 15-18.

Ordnung der Geschlechter her, wie sie u.a. in Eph 5,21ff. deutlich ausgesprochen ist (zur Begründung s.u. II., C.). Wir werden darum auch fragen müssen, was Gal 3,28 für unser Thema bedeutet.

(b) Wir gewichten die Aussagen entsprechend. Die vom griechischen Text her nicht entscheidbare Streitfrage etwa, ob Röm 16,7 von einem Junias oder einer Junia, also womöglich von einem weiblichen Apostel spricht, kann nicht Ausgangspunkt, sondern allenfalls einen Nebenaspekt bei der Bestimmung des biblischen Befundes sein. Der Wortlaut der Stelle ist zu unsicher, als daß sie verläßlicher Ausgangspunkt für weitere Überlegungen sein könnte[13].

Umstrittene Befunde können nicht das Fundament sein

(c) Wir werden im Blick auf die zentralen Aussagen nicht streiten *können*, uns im Blick auf mehr am Rande liegende Fragen streiten, aber eben nicht zerstreiten *dürfen,* vielmehr im Ganzen den Spielraum anerkennen *müssen,* den die Bibel – bei allem Bemühen um die Rekonstruktion der Paulus vor Augen stehenden einheitlichen Regelung – als theologisch normativen Sachverhalt zu erkennen gibt.

Den biblisch gegebenen Spielraum achten

---

13. In Röm 16,7 steht nicht nur die Frage an, ob (1) der Akkusativ „Junian" einen Männer- oder einen Frauennamen meint, sondern auch (2) ob „Andronikus und Junia(s)" im Kreis der Apostel berühmt waren oder zu diesem Kreis selbst dazu gehört haben, und schließlich (3) ob unter Apostel hier bloß „Gesandte" zu verstehen sind oder dieser Bezeichnung, die sich hier ja ganz offenbar nicht auf den Zwölferkreis Jesu bezieht, eine besondere theologische Qualität zukommt. Alle diese Fragen haben Bedeutung, wenn man mit Röm 16,7 für eine bestimmte Position hinsichtlich der Stellung und des Dienstes der Frau votieren will. Aber alle drei Fragen können mit guten Gründen sehr unterschiedlich beantwortet werden. Nach Otto Michel beispielsweise (Der Brief an die Römer, Göttingen 1966 (KEK IV, 13. Aufl.), 379 f) handelt es sich bei Junias um eine Abkürzung für den Männernamen Junianus; an eine weibliche Form (Julia oder Junia) sei nicht zu denken; nach Ulrich Wilckens (Der Brief an die Römer, Zürich/Einsiedeln/Köln/Neukirchen-Vluyn 1982 (EKK; Bd. VI, 3), 135) handelt es sich bei Andronikus und Junia „wahrscheinlich" wie bei Aquila und Priska „um ein Ehepaar". Die Frage hängt letzten Endes daran, ob man den Akkusativ Jounian mit langem „i" oder mit langem „a" zu lesen hat. Röm 16,7 sollte daher vernünftigerweise nicht *Ausgangspunkt* der Bearbeitung der uns beschäftigenden Frage nach Stellung und Dienst der Frau in der Gemeinde Jesu sein.
Auf ähnlich unsicherem Fundament ruht der Versuch von Hans Bürki (Der Brief des Paulus an Titus, Wuppertaler Studienbibel, 1989, 164), aus Titus 2,3 das Lehramt für Frauen abzuleiten und hier ein „weibliches Presbyteriat" begründet zu sehen. Diese Auslegung und Begründung des Lehramtes der Frau schon im Neuen Testament hängt nämlich

Die im Teil II folgenden exegetischen Überlegungen wollen an diesen Auslegungsgrundsätzen gemessen sein. Auch wenn nicht alle diesen Auslegungen folgen, wäre schon dann Entscheidendes für die Einheit des Leibes Christi wie unseres Werkes gewonnen, wenn wir uns auf diese Grundsätze verständigen könnten.

davon ab, ob man zwischen V 3 und V 4 ein Komma bzw. ein Semikolon machen muß oder einen Punkt setzen sollte. Im letzteren Fall ist tatsächlich von „Lehrerinnen des Guten" die Rede, ohne daß eine weitere Einschränkung vorgenommen ist, so daß man von einem Lehramt für die Frau ausgehen kann, wenn man denn von anderen Lehrzusammenhängen des Neuen Testaments absieht (!). Im anderen Fall erläutert der V 4 erst, worin die Lehrtätigkeit der älteren Frauen besteht, nämlich in der Unterweisung der jungen Frauen. Nur die letztere als die auch grammatikalisch wahrscheinlichere Konstruktion fügt sich widerspruchs- und nahtlos in den Gesamtzusammenhang der Pastoralbriefe, speziell der Aussagen 1 Tim 2,8 f. ein. Es ist kaum vorstellbar, daß Paulus im einen Brief das Lehramt der Frau ausdrücklich verneint und es in einem anderen ebenso selbstverständlich voraussetzt. In Summa: Theologische Entscheidungen von Gewicht können darum nicht von exegetischen Detail-Fragen abhängig gemacht werden, die nicht mit Gewißheit zu entscheiden sind.

II. DER EXEGETISCHE BEFUND

Die Auseinandersetzung um die Stellung der Frau in der Gemeinde konzentriert sich vor allem auf zwei Texte: 1 Kor 14,34 f. und 1 Tim 2,8-15, v.a. 2,12-15. Wir werden uns darum zunächst auf eine Auslegung dieser Verse konzentrieren und dabei versuchen, die wichtigsten Fragen anzusprechen, die in der nahezu uferlosen Literatur zum Thema diskutiert werden. Man hat mit Recht darauf hingewiesen, daß eine Beschränkung auf diese isolierten Texte aber bei der Behandlung einer so grundlegenden Frage problematisch ist. Aus diesem Grund fragen wir weiter nach dem biblisch-theologischen Horizont dieser Aussagen.

Die einschlägigen Texte im Gesamtzusammenhang verstehen

A. Auslegung von 1 Kor 14,33b-36

1. Der Text

1.1 Übersetzung

„Wie es in allen Versammlungen der Heiligen (ist), sollen die Frauen in den Versammlungen schweigen. Denn es wird ihnen nicht erlaubt zu reden, sondern sie sollen sich unterordnen, wie auch das Gesetz sagt. Wenn sie aber etwas lernen wollen, sollen sie zu Hause ihre eigenen Männer fragen. Denn es ist schändlich für eine Frau, in der Versammlung zu reden. Oder ist das Wort Gottes von euch ausgegangen? Oder ist es allein zu euch gelangt?"

Der Text

1.2 Textsicherung

Wie jeder Text der griechischen Ausgabe des Neuen Testamentes liegt auch dieser Textzusammenhang nicht einfach fertig vor, sondern beruht auf einer Auswahl zwischen verschiedenen, zahlreichen Textvarianten. Diese Auswahl geschieht nach einleuchtenden Kriterien und kommt in der großen Mehrzahl der wichtigen Fragen zu gesicherten Ergebnissen. Für 1 Kor 14,33-36 fällt auf,

Der Handschriften-Befund

1 Kor 14,34 f. nicht von Paulus?

daß die Verse 34.35 in einer ganzen Anzahl von Handschriften in einer anderen Reihenfolge vorliegen oder an einem anderen Ort auftauchen. Der Handschriften-Befund hat manchen Auslegern dazu gedient, die Authentizität dieser anstößigen Verse in Frage zu stellen, zu bestreiten, daß es sich um originär paulinische Aussagen handelt, und die Aussagen über das Schweigen der Frau in der Gemeindeversammlung als späte, nicht von Paulus stammende Einfügung abzutun, die theologisch nicht verbindlich ist[14].

Die These späterer Einfügung

Die These einer solchen späteren Interpolation könnte dann auch – so der Gedankengang – weiterhelfen, den Widerspruch zu vermeiden, in dem sonst 1 Kor 14,34-35 zu 1 Kor 11,5 stünde, wo von einem Reden (propheteuein) der Frau die Rede ist[15].

Intakte Text-Geschichte

Die genannte Argumentation vermag freilich aus mehreren Gründen nicht zu überzeugen:
(1) Der Text der Verse 34 und 35 fehlt in keiner einzigen der uns bekannten Handschriften. Es gibt darum keinerlei Hinweise darauf, daß es sich um einen späteren, in einen bestimmten Überlieferungsstrang nachträglich eingefügten Zusatz handelt. Die Textgeschichte kann darum nicht zu einer Stützung der Interpolationsthese herangezogen werden.

Inhaltliche Einheit

(2) Die Verse 33 bis 36 stellen eine inhaltliche Einheit dar, in der die angefochtenen Aussagen V 34.35 in keiner Weise wie ein Fremdkörper wirken.

Interesse an Unterdrückung unliebsamer Aussagen

(3) Die Qualifikation der für unser Empfinden anstößigen Verse als „reaktionärer Passus" (Gerstenberger/Schrage[16]) läßt vielmehr zurückfragen, ob hier nicht ein

---

14. Vergleiche G. Fitzer: Das Weib schweige in der Gemeinde. Über den unpaulinischen Charakter der mulier-taceat-Verse in 1 Kor 14 (TEH; Bd. 110), 1963; Gerhard S. Gerstenberger/Wolfgang Schrage: Frau und Mann, Stuttgart/Berlin/Köln/Mainz, 1980, 136.

15. Gerstenberger/Schrage, ebd.; Hans Conzelmann: Der erste Brief an die Korinther, 2., überarbeitete und erg. Aufl., Göttingen, 1981 (KEK; Bd. B1.V, 298. Eine Diskussion der Interpolationsthese findet sich bei August Strobel: Der erste Brief an die Korinther, Zürich 1989 (Zürcher Bibelkommentar: NT 6.1) zur Stelle).

16. Gerstenberger/Schrage, ebd.; Conzelmann, ebd., 299, sieht sich in 1 Kor 14 „die bürgerliche Konsidilierung der Kirche, etwa auf der Ebene der Pastoralbriefe" widerspiegeln;

Erkenntnisinteresse besteht, das die Wahrnehmung verstellt und versucht, unliebsame Aussagen zu unterdrücken, statt sich mit ihnen sachlich auseinanderzusetzen und sich ihnen inhaltlich zu stellen.

Es fällt in diesem Zusammenhang auf, daß die Aussagen des 1 Tim, die eine Parallele bis in die Wortwahl hinein darstellt, ebenfalls als unpaulinisch abgewertet werden sollen.

(4) Gerade die beobachtete Spannung zwischen 1 Kor 11,5 und 1 Kor 14,34-35 läßt es unwahrscheinlich erscheinen, daß eine spätere Manipulation des Textzusammenhangs vorliegt. Wahrscheinlich ist ja nach den Regeln der Text-Kritik genau das Gegenteil: daß spätere Veränderungen eine Anpassung, Harmonisierung versuchen, nicht aber daß sie Verständnis erschweren[17].

Spätere Einfügung unwahrscheinlich

Zusammenfassend muß man feststellen, daß dieser Versuch, mit den Aussagen von 1 Kor 14, 34 f. „fertig zu werden", nicht weiterhilft. Es ist jedoch schon in diesem Vorfeld der bloßen Sicherung der ursprünglichen Textgestalt auffällig, wie emotional belastet die Diskussion um unsere Frage ist. Das zwingt zu einer verstärkten Bemühung um Sachlichkeit.

Sachlichkeit tut not

1.3. Textzusammenhang

Man hat überlegt, ob der V 33b „wie es in allen Versammlungen der Heiligen (ist)" noch zu unserem Abschnitt dazugehört oder nicht vielmehr zum vorangehenden Textzusammenhang zu rechnen ist. V 33b gibt

Textabgrenzung

Maria-Sybille Heister kann an unseren Versen, die „nicht von Paulus stammen", nur eine „frauenfeindliche Aussage" identifizieren (Frauen in der biblischen Glaubensgeschichte, Göttingen 1984, 178 f.).

17. Hans Lietzmann (An die Korinter I, II, Tübingen, 5. Aufl. 1969 (HNT; Bd. 9)) meint denn auch mit Recht, „man würde nie auf den Gedanken gekommen sein, den (handschriftlichen) Tatbestand anders zu klären, wenn nicht der Inhalt der Verse Bedenken erregte", also offenbar ein Widerspruch zwischen 1 Kor 11, 2-16 und 1 Kor 14,34ff bestünde (ebd. 75). Lietzmann hält eine textkritische Interpolation für so unwahrscheinlich, daß er fordert, falls man sich für eine solche Lösung der Spannung entscheide, dürfe man dann nicht nur V 34 und 35 als später eingeführt ansehen, sondern müsse dann V 33-36 insgesamt als interpoliert betrachten (ebd.). In sachlichem Gegensatz zu Conzelmann hält er ganz unideologisch die „unanfechtbar richtige Stellung der Verse (34-35) zwischen 33b und 36" fest (ebd. 75).

den nachfolgenden Aussagen ein viel größeres, grundsätzliches Gewicht, – wenn er denn zu V 34 f. zu rechnen ist. Und umgekehrt: Wenn der Halbvers V 33b zu V 26-32 zu zählen ist, dann kommt V 34 f. wo möglich eine eher situative, weniger grundsätzliche Bedeutung zu. Aber auch diese Überlegung hilft nicht weiter, insofern

- V 36 deutlich betont, daß Paulus gegen eine Sonderrolle der Korinthischen Gemeinde kämpft und

Großes Interesse an einheitlicher Regelung

- in V 36, aber auch in 1 Kor 4,17; 7,17 ein vitales kirchliches Interesse an einer einheitlichen Regelung bekundet wird (4,17: „wie ich überall in jeder Gemeinde lehre"; 7,17: „so verordne ich es in jeder Gemeinde").

- Diese Regelung entspringt schließlich nicht der Willkür des Apostels. Paulus spricht vielmehr als Lehrer der Kirche (4,17; 7,17; 1 Tim 2,8: „Ich will nun"; 2,12: „Ich erlaube nicht"), dessen Autorität in seinem Lehramt liegt und der seine Position folgerichtig – „wie das Gesetz sagt" – auf die Thora stützt[18].

Einzigartiger Bezug auf die Thora

Wenn einige geltend machen[19], daß diese Bezugnahme des Paulus auf das Gesetz einmalig und darum gerade nicht paulinisch sei, so ist darauf hinzuweisen, daß diese Singularität genau umgekehrt gewertet werden muß. Dieser singuläre ausdrückliche Bezug auf die Thora macht gerade deutlich, wie außerordentlich wichtig Paulus dieser Punkt ist und wie wenig er an dieser Stelle bereit ist, abweichende Verhaltensweisen zu tolerieren.

1.4. Kontext

Kapitel 14 als Verstehensrahmen

Ein angemessenes Verständnis der V 33b-36 ergibt sich erst dort, wo diese Verse nicht isoliert, sondern im Gesamtzusammenhang des 14. Kapitels gesehen werden, das wiederum auf die Situation der Korinthischen Gemeinde zu beziehen ist, wie sie sich im ganzen ersten Korintherbrief widerspiegelt.

---

18. Vgl. Heiko Krimmer: 1 Korintherbrief, Neuhausen-Stuttgart, 2. Aufl. 1990, 326.

19. Gerstenberger/Schrage, Frau und Mann, 136.

Das bleibende Interesse von 1 Kor 14 benennt V 33a: Unter Bezug auf Gott selbst, also in einer theologisch eminenten, herausragenden Weise benennt Paulus den Grundsatz für alle Gemeindeversammlungen: Da Gott nicht ein Gott der Unordnung (akatastasia: sie ergibt sich dort, wo alles „drunter und drüber geht"), sondern des Friedens ist, darum geschehe – so faßt Paulus V 40 das Thema seiner Ausführungen zusammen – „alles anständig und in Ordnung". Aus diesem Grund regelt Paulus die Praxis der Zungenrede restriktiv. Er redet mehr in Zungen als sie alle (14,18), – aber er möchte nicht, daß bei Ungläubigen durch ungeordnete Glossolalie der Eindruck entsteht, daß die Gemeindeglieder „von Sinnen" sind (14,23).

Kein Gott der Unordnung

Nicht die persönliche Erbauung, sondern die Auferbauung des Organismus der Gemeinde (1 Kor 12) steht im Mittelpunkt der Gemeindeversammlung, die Paulus darum durch Ordnungen für alle regelt. Darum ordnet er die Glossolalie für den Bereich der Ekklesia (Gemeindeversammlung) der Prophetie unter (auch 14,22); darum gibt er eine Ordnung für das Miteinander der Beschenkten im Gottesdienst, die der Auferbauung, der Ordnung des Organismus der Gemeinde dient (auch 14,26). Darum auch wird nicht nur die Praxis der Zungenrede und deren Auslegung geregelt (14,27), sondern auch die Praxis des Prophezeiens, Weissagens in der Gemeindeversammlung (14,29 ff.). All das soll wohlanständig geschehen und „kata taxin". Dieses kata taxin meint nicht nur „in Ordnung", sondern „*gemäß der Ordnung*" – einer Ordnung, von der Paulus weiß und die er autoritativ vermittelt. Es ist diese Ordnung Gottes, der sich alle einordnen sollen und dürfen.

Ziel: Auferbauung, nicht Erbauung

Prophetie vor Glossolalie

Widmet sich das 14. Kapitel insgesamt der Frage nach dem Verhältnis von Glossolalie und Prophetie, so behandeln die V 1-25 mehr die Regelung der Glossolalie, die V 26-40 schwerpunktmäßig die geordnete Ausübung der Geistesgabe der Prophetie.

Gliederung von Kapitel 14

Thema „Prophetie" als Hintergrund der Verse 34 f.

Dieser engere Kontext des Themas Prophetie ist es, auf den wir auch unsere Aussagen über das Schweigen der Frau beziehen müssen. Von dieser Prophetie ist im Grund im unmittelbaren Zusammenhang sowohl kurz vorher (V 29-32) als auch kurz nachher (V 37) die Rede. Es leuchtet also vom biblischen Zusammenhang her ein, zu fordern, auch die Aussagen in V 34 f. unter der Perspektive der rechten Praxis und des richtigen Umgangs der Prophetie zu sehen.

Schon aus dieser Beobachtung des Gesamtzusammenhangs ergeben sich zwei inhaltliche Fragen von Gewicht:

Fragen

(1) Welche Verbindung besteht zwischen den Aussagen über das Schweigen der Frau in den Gemeindeversammlungen zu der taxis (Ordnung) Gottes?

(2) Welche Verbindung besteht zwischen den Aussagen über das Schweigen der Frau zu dem unmittelbaren Kontext-Thema „Prophetie"?

2. Beobachtungen am Text[20]

2.1 Das absolute Schweigegebot

Drei Begründungen des Schweigegebotes

Auffällig ist das „nicht zu überhörende" dreifache Schweigegebot an die Adresse der Frauen:

- 1. Wie es in allen Gemeindeversammlungen der Heiligen zugeht, so sollen auch eure Frauen in den Gemeindeversammlungen schweigen (V 34a);
- 2. denn es wird ihnen nicht erlaubt, es ist ihnen nicht gestattet (passivum divinum?) zu reden (lalein), sondern sie sollen sich unterordnen, wie auch das Gesetz sagt (V 34b).

---

20. Vgl. zu folgendem zur Stelle die Kommentare von Adolf Schlatter: Paulus, der Bote Jesu. Eine Deutung seiner Briefe an die Korinther, Stuttgart, 4. Aufl. 1969 (1934); Wolfgang Schrage: Der erste Brief an die Korinther, Düsseldorf/Neukirchen-Vluyn, 1995 (EKK; Bd. VII/2); Hans Conzelmann: Der erste Brief an die Korinther; Hans Lietzmann: An die Korinther; August Strobel: Der erste Brief an die Korinther; Gordon B. Fee: The First Epistle To The Corinthians, Grand Rapids, Michigan 1987; Heiko Krimmer: Der 1. Korintherbrief; Heinz-Dietrich Wendland: Die Briefe an die Korinther, Göttingen 1987 (NTD; Bd. 7).

- 3. Wenn sie aber etwas lernen, in Erfahrung bringen, wissen wollen, so sollen sie daheim ihre Ehemänner fragen. Denn es ist schändlich für eine Frau, in der ekklesia zu reden (V 35).

Es liegen drei verschiedene Begründungen vor:

Im ersten Fall (zu 1) weist Paulus in V 33b wie in V 36 auf die Praxis der eigenen Gemeinden hin. Man darf unterstellen, daß diese nicht zufällig ist und daß Paulus aus anderen Gründen als dem einer bloßen Uniformität ein einheitliches Verhalten in dieser Frage erreichen will.

Die Praxis der Gemeinden

Im zweiten Aussagezusammenhang (zu 2) bezieht sich Paulus in singulärer Weise auf die Autorität der Thora (des Gesetzes, begriffen als alttestamentliche Offenbarung Gottes) zurück. Angesprochen ist wahrscheinlich 1 Mose 3,16. Begründung für das Schweigegebot ist eine Unterordnung, die ihrerseits begründet ist in der Ordnung der Thora als höchster Autorität. Hier wird also ausdrücklich das Stichwort der Ordnung aufgenommen (hypotassesthai), und es wird zugleich die zentrale Lebensordnung genannt, die Paulus für weiterhin verbindlich hält: das Gesetz.

Die Autorität des Gesetzes

Der dritte Aussagezusammenhang (zu 3) argumentiert weniger fundamental als ethisch-moralisch. Er appelliert an ein sittliches Empfinden.

Sittliches Empfinden

Unabhängig von der Frage, ob die zugrundeliegende Sittlichkeit überzeitliche Bedeutung hat (Kultur und Sitte und damit das, was als verwerflich und was als wohlanständig empfunden wird, können sich ja ändern), sind die Begründungen in (1) und (2) absolut. (2) bezieht sich auf die Thora selbst, (1) und (3) verweisen auf die Praxis der Gemeinden der Heiligen, die wiederum nicht beliebig ist (V 36!), sondern in der Ausbreitung des für alle geltenden Willens Gottes wurzelt.

Es ist außerdem erkennbar, daß nicht nur eine bestimmte, etwa unanständige Redeweise der Frauen gemeint ist. Der weit verbreitete Versuch, lalein als

Nicht nur „schwätzen" untersagt

„schwätzen" und damit im Sinn einer abschätzigen Qualifikation zu verstehen, scheitert nicht nur daran, daß dieser Begriff im Neuen Testament anders und zudem öfter in einem theologisch qualifizierten Sinn gebraucht wird[21]; er ist auch nicht mit der Tatsache vereinbar, daß Paulus hier ausdrücklich sogar das Lernen-wollen der Frau als Teil des Lehrgesprächs aus der Gottesdienstversammlung verbannt. Das private Haus ist der angemessene Ort dieses Lernens (manthanein), das Teil des Lehrgespräches ist, in dem der Schüler den Lehrer befragt oder strittige Lehrfragen beurteilt werden. Auch dieses Rede-Verbot gilt also absolut.

Das Problem

Wenn aber am exegetischen Befund von 1 Kor 14, 34 f. nicht zu rütteln, wenn das Schweigegebot absolut zu verstehen ist, wie ist dann mit dem Widerspruch umzugehen, der zwischen unserem Vers und 1 Tim 2,9 und vor allem 1 Kor 11,5 zu bestehen scheint?[22]

1 Tim 2,12 verbietet nur die „Lehre"

Wenn Paulus 1 Tim 2,12 lediglich das *Lehren* der Frau ausschließt, aber doch nicht jedes Reden von Frauen im Gottesdienst, dann besteht hier zwar kein logischer Widerspruch, aber eine inhaltliche Spannung, insofern unsere Verse in dem Verdikt über das Reden der Frau sehr viel weiter zu gehen scheinen[23].

---

21. Vgl. schon 1 Kor 14,3. Manfred Hauke bemerkt mit Recht: „Wenn Paulus ... nur Störungen meinte, könnte er sich durchaus klarer ausdrücken. Außerdem bedeutet das griechische Wort *lalein* im NT niemals ‚schwätzen, dazwischenreden' o.ä., betrifft aber sehr häufig die amtliche Verkündigung des Evangeliums, wenn es in bestimmten Wendungen vorkommt, z.B. *lalein ta rhemata, lalein ton logon*. Auch das *lalein en ekklesia* dürfte in diesen Zusammenhang hineingehören, zumal es gleich zweimal auftaucht, geradezu als ‚terminus technicus'." (Die Problematik um das Frauenpriestertum vor dem Hintergrund der Schöpfungs- und Erlösungs-Ordnung, Paderborn, 3. überarbeitete Auflage 1991 (Konfessionskundliche und kontroverstheologische Studien; Bd. 46), 374).

22. Auch der Versuch, die Spannung zwischen 1 Kor 11,5 und dem dort selbstverständlich vorausgesetzten Reden der Frau in der Gemeindeversammlung und dem ebenso selbstverständlichen Verbot des Redens der Frau in der Gemeindeversammlung drei Kapitel später dadurch aufzulösen, daß im Kapitel 11 nur an einen „Hausgottesdienst" oder an „Teilversammlungen" zu denken sei, wird den Widerspruch nur theoretisch, aber nicht wirklich einsichtig beseitigen; denn „kein unbefangener Erklärer wird bei Kapitel 11 an etwas anderes als an die normale Gemeindeversammlung" (Lietzmann z.St., 75) denken.

23. Genau diese Spannung zwischen 1 Tim 2,12 und 1 Kor 14,34-35 ist ein starkes Argument gegen die von Conzelmann u.a. vorgetragene These, bei den zuletzt genannten Ver-

Schließlich ist vor allem auf den 1. Korintherbrief selbst zu verweisen, indem Paulus kurz vorher noch, in 1 Kor 11,5, voraussetzt, daß die Frau betet und weissagt. Daß sie dies nicht privatim, für sich allein tut[24], daß hier vielmehr ein gottesdienstlicher Vollzug im Blick ist, ergibt sich schon aus 1 Kor 14,3: „Wer weissagt, *redet zu den Menschen* zur Erbauung und Ermahnung und Tröstung." Der Gottesdienst als Ort des Vollzugs der Weissagung wird dann auch in 1 Kor 14,22-24 vorausgesetzt: „Daher sind die Sprachen zu einem Zeichen nicht für die Glaubenden, sondern für die Ungläubigen, die Weissagung nicht für die Ungläubigen, sondern für die Glaubenden. Wenn nun die ganze Gemeinde zusammenkommt und alle in Sprachen reden, und es kommen Unkundige oder Ungläubige herein, werden sie nicht sagen, daß ihr von Sinnen seid? *Wenn aber alle weissagen und irgend ein Ungläubiger oder Unkundiger kommt herein, so wird er von allen überführt.*"

1 Korinther 11,5 unterstellt die gottesdienstliche Rede der Frau

Weissagen ist also ein gottesdienstliches Reden in der Gemeindeversammlung, das nach 1 Kor 11, 5 auch für die Frau geradezu als selbstverständlich gegeben vorausgesetzt wird[25].

Wie ist mit diesem Befund umzugehen?

---

sen handele es sich um eine Interpolation, die gedanklich auf der Stufe der – unpaulinischen – Pastoralbriefe stehe, deren spätere theologische Gemeindekonzeption dann in diesen echten Paulusbrief eingetragen worden sei. Hauke bemerkt dazu: „Ein Lehrverbot ließe sich im Anschluß an 1 Tim 2,12 doch viel deutlicher formulieren. Gerade die *unterschiedliche* Ausrichtung und sprachliche Gestalt der beiden ‚Redeverbote' 1 Kor 14 und 1 Tim 2 sprechen gegen den Eingriff eines Interpolators." (Die Problematik um das Frauenpriestertum, 373). Eine spätere Interpolation unter Einfluß von 1 Tim 2 hätte sich also – folgt man der Überlegung der betreffenden Exegeten – sehr viel spannungsloser und analoger vollziehen müssen.

24. Wendland bemerkt zu Recht: „Unter einem Prophezeien im Hause oder für sich selbst kann man sich aber nichts vorstellen. Prophetie gibt es nur in der Gemeinde für die Gemeinde, d.h. in der Gemeindeversammlung; der Prophet redet nicht für sich und Gott allein wie der Zungenredner (14,2), welche auf das Haus beschränkt werden kann. Es muß also dabei bleiben, daß die Tatsache von 11,5 (es gibt Prophetinnen) die Anordnung von V 34-35 begrenzt." (Die Briefe an die Korinther, 132).

25. Vgl. ebenfalls das Weissagen der vier Töchter des Philippus nach Apg 21,9.

2.2 Welches Reden ist absolut verboten?

Wir fassen zusammen:

Zusammenfassung

- Wir gehen nach 1 Kor 4,17; 7,17 und 14,33b wie 14,36 davon aus, daß Paulus ein in sich schlüssiges Gesamtbild der ekklesia vor Augen hat. Dieses beinhaltet sicher einen gewissen Spielraum, aber läßt doch keinen Raum für widersprüchliche Regelungen in zentralen Fragen. Es ist vielmehr die ausge-sprochene Absicht des Paulus, solche Widersprüche und Abweichungen auszuschließen und zu beseitigen.

Ein in sich schlüssiges Gesamtbild

- Wir gehen weiter davon aus, daß Paulus nicht so selbstvergessen ist, in einem Textzusammenhang zunächst wie selbstverständlich gottesdienstliches Reden der Frau vorauszusetzen (und nicht zu kritisieren, sondern nur zu regeln; vgl. 1 Kor 11,5)[26] und dann genau dieses gebilligte Reden wenig später völlig unvermittelt zu untersagen.

- Wir schließen zudem die Möglichkeit einer Interpolation von 1 Kor 14,34 f. als exegetisch nicht stichhaltig und theologisch fragwürdig aus.

Das Problem

Wenn Paulus einerseits das Reden der Frauen im Gottesdienst voraussetzt, wie kann dann dieses Schweigegebot im Zusammenhang des Briefes und des gesamten Kapitels verstanden werden? Es gibt eine Antwort, die weder künstlich harmonisiert noch einen Widerspruch im Denken des Paulus annehmen muß, auf die These einer Interpolation verzichtet und den Gesamtzusammenhang des Textes ernstnimmt:

Die These: untersagt ist die Beurteilung der Prophetie als Lehr-Akt, der der Ordnung Gottes widerspricht

Paulus bestreitet der Frau das im unmittelbaren Zusammenhang von V 34 f. angesprochene Recht zur *Beurteilung* der prophetischen Rede. Sie selbst darf und wird im Gottesdienst weissagen, aber die Beurteilung dieser Prophetie, die Paulus V 29 einfordert, ist ein autoritativer, ein Lehr-Akt, der der *taxis* (Ordnung) Gottes

---

26. „Nicht das Daß, sondern das Wie steht zur Debatte, daß also die Frauen ihre geschlechtsspezifische Besonderheit dabei nicht aufgeben" (Schrage, Kommentar zur Stelle, 507).

widerspricht, die der paulinische Horizont und Ausgangspunkt für die Gottesdienstordnungen ist (vgl. V 33.40)[27].

Um welche spezielle Hinsicht des Schweigens es sich handelt, wird weiter aus der bezeichnenden Formulierung von V 34 erhellend deutlich. Der Gegensatz zum lalein, das verboten ist, ist kein generelles Schweigen, sondern eine bestimmte Haltung. Zu erwarten wäre:
- sie soll nicht reden, sondern schweigen.

Das steht aber nicht da. Zu finden ist:
- Sie soll nicht reden, *sondern* sich unterordnen. Was mit „reden" in diesem Fall gemeint ist und welche Form des Redens der Frau absolut nicht gestattet ist, ergibt sich aus dem Zusammenhang der Aussage, speziell aus dem Gegenteil („sondern"), das Paulus nennt. Es widersprechen sich ja eigentlich nicht reden und unterordnen, sondern „nicht unterordnen" und „unterordnen". Genau darum geht es: um ein Reden, das diese Unterordnung, die das Gesetz fordert, unterläuft.

Ein Reden das die Unterordnung unterläuft

---

27. Ganz ähnlich urteilt Hauke: „Das ‚Redeverbot' bezieht sich demnach nicht auf die geistgewirkte Prophetie, sondern auf die Teilnahme der Erörterung" (Die Problematik um das Frauenpriestertum, 371). Wenn es in V 35 heißt „Wenn sie aber etwas lernen wollen, sollen sie daheim ihre Männer fragen", dann ist eben damit nicht gemeint, daß die Frau im Gottesdienst *noch nicht einmal fragen* darf. Wir verstehen die Stelle nicht zeitbedingt, sondern zeitbezogen, wenn wir erläutern, daß wir für V 35 eine ganz spezielle, von der jungen christlichen Gemeinde aus der jüdischen Synagoge übernommene Tradition und Situation vor Augen haben müssen. Es geht ganz ausdrücklich um das Lehr-Gespräch. „Durch Fragen konnten die Frauen leicht in das Lehrgespräch verwickelt werden und mögen gelegentlich die Neigung empfunden haben, dabei selbst als Lehrer aufzutreten. Dies mag besonders in Korinth der Fall gewesen sein, wo der ‚Geist' – bzw. das, was man dafür hielt – sich über vorgegebene Unterschiede und Überlieferungen hinwegsetzte." (Hauke, ebd. 371). Es ist also wiederum eine enthusiastische Verhaltensweise, die meint, im Rahmen der neuen Schöpfung sich über das Gebot Gottes hinwegsetzen zu können und seine Ordnungen nicht mehr ernstnehmen zu müssen, der gegenüber Paulus sehr ausdrücklich auf das Gesetz und das Gebot des Herrn (14,34.37) insistiert. Recht verstanden ist also „das ‚Redeverbot' ... letztlich ein ‚Lehrverbot'" (Hauke, ebd.)
Die nun vorgeschlagene Lösung, das absolute Redeverbot vom Kontext her und im Hinblick auf die vorausgesetzte Situation nicht auf die geistgewirkten Äußerungen der Prophetie und Glossolalie zu beziehen, sondern auf das menschliche *Beurteilen* dieser geistgewirkten Äußerungen (krinein als Akt des Lehrens), findet sich schon in einem Aufsatz von Reinhold Seeberg: „Ich meine daher, daß Paulus an der in Frage stehenden Stelle den Frauen verbietet, sich in der Gemeinde an der kritischen Erörterung der Prophetensprüche, an der Diskussion, die sich an diese knüpfte, zu beteiligen. So hat es dann einen guten Sinn,

Gemeint: das Verbot einer Verhaltensweise

Prophetie – so interpretieren wir den Zusammenhang – ist selbstverständlich erlaubt, natürlich im Gottesdienst, – wo denn sonst! Aber ein lalein, das sich in Widerspruch setzt zur gebotenen Unterordnung, wie sie das Gesetz fordert, ist nicht erlaubt, ist nicht gestattet. Das Schweigegebot gilt darum absolut, aber nicht generell. Es gilt grundsätzlich, aber nur in einer bestimmten Hinsicht. Es handelt sich um eine absolute, aber erst aus dem Zusammenhang recht zu verstehende und sich auf eine bestimmte Situation beziehende Regelung. Es verbietet der Frau nicht jede verbale Äußerung, ganz im Gegenteil! Diese Frage ist gar nicht im Blick. Paulus lenkt das Augenmerk vielmehr auf eine – verbale – *Verhaltensweise* der Frau, mit der sie sich in Widerspruch befindet zu dem Verhalten, das das Gesetz als Verhaltensordnung vorgibt (vgl. 1 Mose 3,16).

Genau ein solches Verhalten liegt dort vor, wo eine Frau die im unmittelbaren Kontext thematisierte Beurteilung von sicher auch männlichem prophetischen (oder auch glossolalischen) Reden vornimmt. Mit diesem krinein (beurteilen) stellt sie sich über den betreffenden Mann und widerstreitet damit der taxis (Ordnung) Gottes. Sie ordnet sich nicht unter, sondern über.

3. Zusammenfassung

Zusammenfassung

Wenn man nicht krasse und kaum nachvollziehbare Wider sprüche oder ebensowenig glaubwürdige *Interpolationen* unterstellen will, wenn man umgekehrt 1 Kor 14,29-40 als Gesamtzusammenhang liest und auch V 33a nicht von V 33b trennt, in V 33a vielmehr die Mitte des gesamten Abschnittes sieht, wenn man schließlich die

---

wenn er als Ersatz dafür auf die häusliche Erörterung der Fragen verweist. In dieser Beleuchtung belehrt uns die Stelle aber auch darüber, worin jenes ‚Beurteilen' der prophetischen Rede in der Hauptsache bestand. Es waren Fragen behufs tieferer Erfassung oder weiterer Erleuchtung und Begründung des Gehörten" (Über das Reden der Frauen in den apostolischen Gemeinden, in: ders.: Aus Religion und Geschichte. Ges. Aufs. und Vorträge 1. Bd., Leipzig 1906, (123-144)131). Vgl. in neuerer Zeit die Unterstützung dieser Position bei James B. Hurley: Man and Woman in Biblical Perspective, Grand Rapids, Michigan 1981, 184 ff. 193.

Frage nach der Ordnung prophetischer Rede, der Unterordnung der Geister der Propheten und der notwendigen Beurteilung prophetischer Rede im Lehrgespräch als Kontext realisiert, dann ist klar, daß Paulus hier ein absolutes und zugleich situatives Schweigegebot für die Frauen ausspricht, das einerseits unbedingt gilt, das sich aber im gegebenen Kontext bezieht auf die hier verhandelte Frage der Beurteilung prophetischen Redens. So sehr der Frau selbstverständlich das prophetische (evtl. glossolalische) Reden frei- und offensteht (nur Apg 2,17 f), so sehr verbietet sich von der Schöpfungsordnung her ein – sich hier verbal artikulierendes – Verhalten, das sich in Gegensatz zu dieser Ordnung stellt.

Wichtig ist im Blick auf dieses Ergebnis, daß alle Urteile über Paulus als Frauenfeind oder gar Frauenhasser, der der Frau nur den Mund verbieten will, zu kurz greifen. Es geht Paulus im Ersten Korintherbrief in keiner Weise um eine Knebelung der Frau. Es ist erkennbar nicht sein Ziel, generell ein Reden von Frauen im Gottesdienst zu verbieten. Er setzt dieses Reden vielmehr vielfältig, etwa in Form prophetischen Redens, in Übereinstimmung mit dem übrigen Urchristentum voraus. Intention des viel beschworenen und fast noch häufiger mißbrauchten „mulier taceat in ekklesia" („das Weib schweige in der Gemeinde") ist vielmehr ein Verhältnis und Zusammenleben von Mann und Frau in Familie und Gemeinde, das sich in Übereinstimmung mit dem „Gesetz" befindet, d.h. mit der Verhältnisbestimmung der Geschlechter, die Gott in diese Schöpfung hineingelegt hat und die im Alten Testament offenbart ist.

Kein generelles Redeverbot

Es kann nicht anders sein, als daß diese Position zur Stellungnahme zwingt – heute mehr denn je. Aber eine solche Auseinandersetzung sollte sachgemäß sein und nicht in billiger Polemik gegen den angeblich misogynen, sexualfeindlichen und verklemmten Mann Paulus bestehen[28], sondern sich dem Sachproblem stellen, vor

Sachliche Auseinandersetzung tut not

---

28. So spricht das Schweizer Institut für Sozialethik des Schweizer Evangelischen Kirchenbundes (SEK) Bern, in einer seiner Studien jüngst vom „Sexual-Pessimismus" des Pau-

das uns die Texte stellen. Gibt es eine Ordnung der Geschlechter? Und wie wäre eine solche theologisch befriedigend zu begründen?

Die vorliegende Auslegung von 1 Kor 14,34 f. im Gesamtzusammenhang von 1 Kor 14 und 1 Kor 11/12 ist nun zu überprüfen anhand einer Analyse von 1 Tim 2,8-15, besonders 2,12.

B. Auslegung von 1 Tim 2,8-15

1. Der Text:

Der Text „Ich will nun, daß die Männer an jedem Ort beten, indem sie heilige Hände aufheben – ohne Zorn und ohne zweifelnde Überlegung, ebenso (will ich auch), daß die Frau in ordentlicher (angemessener) Haltung sich mit Scham und Besonnenheit schmückt, nicht mit Haarflechten und Gold oder Perlen oder kostbarer Kleidung, sondern durch gute Werke, dem, was Frauen geziemt, die sich zur Gottesfurcht bekennen. Lernen soll eine Frau in der Stille, in aller Unterordnung; zu lehren gestatte ich ihr aber nicht, auch nicht, den Mann zu beherrschen (wörtlich übersetzt: ihm gegenüber eigenmächtig zu handeln), sondern (ich will,) daß sie in Stille sei. Adam nämlich wurde zuerst gebildet, danach Eva, und Adam wurde nicht betrogen, die Frau aber wurde gründlich getäuscht und fiel in Übertretung. Sie wird aber durch das Kinder gebären gerettet werden, wenn sie bleiben im Glauben, in der Liebe und in der Heiligung mit Besonnenheit."

2. Beobachtungen zum Text

2.1 Anmahnung geschlechtsspezifischen Verhaltens
Der Kontext des Lehrverbots ist eine Verhaltensanwei-

---

lus und maßt sich an, Paulus sachkritisch gegen ihn selbst (!) in Schutz nehmen zu müssen, um ausführen zu können, wie er denn geredet hätte, wenn er „selber befriedigende Sexualität gekannt hätte" (Ehe und Familie für homosexuelle Paare – Rechtliche und ethische Aspekte, Studien und Berichte Nr. 49 a. d. Institut für Sozialethik des SEK, Bern 1995, 17).

sung, die wieder in bezeichnender Weise geschlechtsspezifisches und nach Mann und Frau differenziertes Verhalten anmahnt. Genau diese Unterscheidung zieht Paulus dann auch in V 12 ff. aus.

Geschlechtsspezifisches Verhalten

2.2 Begründungsquellen

Die oft zu hörende Auskunft, die Aussagen des Paulus zur Stellung der Frau seien zeitbedingt, steht hier in Gegensatz zum ausdrücklichen paulinischen Selbstverständnis und zu der hier von ihm gewählten Argumentationsstruktur. Paulus begründet seine Aussagen in mehrfacher Weise: Er weist nicht nur (2, 10) auf Sitte und sittliches Empfinden hin (dies kann in mancher Hinsicht variabel sein). Er bezieht sich vielmehr auf (1) die Schöpfung (Adam wurde zuerst gebildet) und (2) auf den Fall des Menschen (V 14).

Verschiedene Begründungen

Dies sind Argumentationen, die einen grundsätzlichen Anspruch erheben, weil sie (zu 1) schöpfungstheologisch ansetzen und sich zudem noch (zu 2) hamartiologisch (am Sein des Menschen unter der Sünde) orientieren.

Die paulinische Redeweise „ich will nun" (V 8) und „ich erlaube nicht" stellt vor diesem Hintergrund keinen Akt subjektiver Willkür dar, mit der Paulus seine eigene, private, eben frauenfeindliche Sicht durchzusetzen sucht. Was Paulus Timotheus zu sagen hat, damit er es weitersagt, ergeht vielmehr in der Form autoritativer Lehre des zu dieser Lehrweitergabe bevollmächtigten und sich auf die tradierte Lehre stützenden Lehrers.

Ein Akt autoritativer Lehre

Man hat gefragt, ob die Argumentation des Paulus nicht insofern zeitbedingt sei, als er sich hier an frühjüdische Traditionen und Argumentationen anschließe. Sicherlich ist zuzugestehen, ja damit zu rechnen, daß Paulus auch als schriftgelehrter Rabbiner redet und die Lehrdiskussionen kennt[29]. Aber genau so, wie wir bei ihm auch sonst nicht eine unkritische Übernahme frühjüdischer Traditionen wahrnehmen bzw. unterstellen,

Frühjüdische Parallelen

---

29. Vgl. Jürgen Roloff: Der erste Brief an Timotheus, Zürich/Neukirchen-Vluyn (EKK; Bd. XV), 138-142.

sondern im Gegenteil eine kritische Rezeption im Licht des Christus-Ereignisses und der Gottesoffenbarung im Gekreuzigten wahrnehmen (vgl. nur und v.a. 1 Kor 1,23!), so ist ihm diese kritische Haltung doch auch hier grundsätzlich zu unterstellen. Der Vorwurf, er schließe sich ausgerechnet hier gedankenlos an verbreitete jüdische Überzeugungen seiner Zeit an, wird Paulus als Theologen nicht gerecht und überzieht die christologische Durchdringung jüdisch-alttestamentlicher Überlieferungen, die Paulus etwa in Eph 5,21 ff. leitet.

2.3 Lehren als Herrschen

Wie freilich sieht die Begründung für das Lehrverbot der Frau aus? Die Frau soll nicht „lehren", weil dies ein Akt der Herrschaft wäre, der dem Willen Gottes in doppelter Weise widerspricht.

Autoritatives Lehren der Frau verstößt gegen die gebotene Unterordnung

- Lehre als autoritatives Binden[30] verletzt das Verhältnis der Unterordnung, in der Paulus die Frau dem Mann gegenüber von der Schöpfung her sieht.
- Sie ist eine Form des Herrschens, Bestimmens, Prägens des anderen Geschlechtes, die nach 1 Mose 3, 16 in der Zeit der gefallenen Schöpfung nach Gottes Willen allein dem Mann, nicht aber der Frau zukommt. An diesen Grundsatz einer gefallenen Schöpfung knüpft Paulus hier in 1 Tim 2,14 f. genauso an wie in 1 Kor 14,34 durch den Bezug auf die Thora.

Diese Argumentation erinnert bis in die Wortwahl hinein an 1 Kor 14 34 f. und stärkt unsere Interpretation

---

30. K.H. Rengstorf macht in seinem Art. „didasko" ktl. deutlich, daß im zeitgenössischen Judentum didaskein (griechisch für lehren) bzw. das entsprechende hebräische limed die Art ist, „wie man durch die Auslegung des Gesetzes, also die Zusammenfassung des geoffenbarten göttlichen Willens, die Anleitung gibt zur Ordnung des Verhältnisses des einzelnen Menschen zu Gott selbst und zum Nächsten im Sinn des göttlichen Willens". Schon diese Grundbedeutung beinhaltet den spezifisch rabbinischen Sprachgebrauch von limed im Sinn von *„eine Lehrentscheidung treffen, eine (begründete) Lehrmeinung aussprechen"* (in: THWNT, Bd. 2, (138-168) 140 f.) Diese Grundbedeutung von limed / didaskein / lehren wird man auch für das Lehren Jesu wie für das Urchristentum voraussetzen müssen bzw. dürfen im Sinn einer autoritativen Traditionsweitergabe, Ordnung des Verhältnisses zwischen Gott und Mensch, wie zwischen den Menschen untereinander. Das schließt ein, daß „Lehre" in neuen Situationen und angesichts neuer Herausforderungen auch Lehrentscheidung beinhaltet.

dieser Verse. Paulus bringt den Sachverhalt auf den Punkt, wenn er im Anschluß an sein Verdikt „ich erlaube einer Frau aber nicht zu lehren", in aller Deutlichkeit sagt: Ich erlaube nicht, daß sie über den Mann herrscht (authentein ist ein sehr starkes Wort, das auch „Tyrannisieren" heißen kann). Das Lehren wäre eine Form des Herrschens, das der Frau verboten ist; beim Lehren (vor gemischtem Publikum) nimmt sie Männern gegenüber notwendig, durch die Sache der Lehre begründet, eine Haltung ein, die im Gegensatz steht zur göttlichen Bestimmung des Verhältnisses der Geschlechter[31].

Untersagt: Lehren als Form des Herrschens

Der Blick auf die Schöpfungs- und auf die Erhaltungsordnung läßt Paulus das Lehrverbot ebenso aussprechen wie das Verbot der Beurteilung der Prophetie (vgl. 1 Kor 14,34). In beiden Fällen ist das Motiv also in keiner Weise, der Frau den Mund zu verbieten oder sie sonstwie herabzuwürdigen. Paulus spricht an vielen Stellen seiner Briefe mit so viel Hochachtung und Dankbarkeit von seinen Mitarbeiterinnen, daß es nicht nur eine üble Unterstellung wäre, ihm ein solches Motiv zu unterschieben, sondern auch eine geschichtslose, an der Wirklichkeit des Verhältnisses von Paulus zu seinen Mitarbeiterinnen vorbeigehende sinnlose Polemik (vgl. nur das Schlußkapitel des Römerbriefs mit seinen zahlreichen und dankbaren Nennungen von Mitarbeiterinnen, sowie 1 Kor 7,34; Phil 4,2 f.; 1 Tim 5,3.10).

Paulus und seine Mitarbeiterinnen

Paulus weiß sich vielmehr als Lehrer und Leiter der Gemeinden gebunden an das autoritative Wort der Thora, und dies sucht er in allen Gemeinden der Heiligen auf den entsprechenden und in Frage kommenden Lebensgebieten zur Geltung zu bringen.

Hier sucht nicht ein ich- und machtsüchtiger Frauenfeind eine patriarchalische, durch Männerherrschaft bestimmte Familien- und Gemeinde-Konzeption zur Gel-

Den Willen Gottes durchsetzen

---

31. 1 Tim 2,12 wäre darum dem Sinn nach zu übersetzen: Ich erlaube einer Frau nicht, lehrend zu herrschen, noch überhaupt über den Mann zu herrschen, weshalb für sie auch die autoritative Lehre nicht in Frage kommt. Die Aussage „... noch über den Mann zu herrschen" meint darum nicht genau dasselbe wie das Lehrverbot, vertieft dieses aber, indem es zugleich seine Begründung artikuliert.

tung zu bringen. Letzter Beweggrund für die Argumentation des Paulus ist nicht seine eigene Herrschaft oder die anderer Männer, sondern die Herrschaft Gottes, an dessen Willen allein Paulus sich gebunden weiß und den er durchzusetzen sucht – auch dann, wenn ihm das persönlich große Unannehmlichkeiten bringt und zum Nachteil gereicht. Letzter Hintergrund für seine Argumentation ist eine dezidierte Sicht der Geschlechter, die für Paulus von fundamentaler Bedeutung ist, weil er sie im Willen und in der Wirklichkeit Gottes (s.u.) begründet sieht. Wie diese Sicht aussieht und ob sie tatsächlich das Attribut „frauenfeindlich und männerfreundlich" verdient – das muß geprüft werden; das steht aber doch nicht schon einfach deshalb fest, weil die Sicht des Paulus *anders* ist als die heutige.

Die Formulierung von 1 Tim 2,12: „Ich will, daß die Frau weder lehrt noch herrscht" hilft nun in einer doppelten Weise weiter im Blick auf die Ausgangsfrage nach dem Dienst der Frau:

„Lehre" beinhaltet Herrschaft

(1) Zunächst fällt hier Licht auf die Frage, was „Lehre" ist, wohlgemerkt: was Paulus unter „Lehre" versteht, nicht, was wir heute mit diesem Begriff meinen, wenn wir ihn gebrauchen.

Ganz offenbar handelt es sich um einen Akt, der in seiner Struktur ein Stück Herrschaft beinhaltet. Schon hier darf man dann fragen, ob z.B. Religionsunterricht, Kinder- und auch Erwachsenen-Katechese einen solchen Herrschaftsakt darstellen bzw. beinhalten.

Die Unterordnung als „springender Punkt"

(2) Darüber hinaus ist klar, daß ja weder das „nicht-reden-dürfen" und noch nicht einmal das „nicht lehren sollen" der Frau der springende Punkt ist, sondern ihr nicht-herrschen-Sollen oder – positiv ausgedrückt – ihr hypotassesthai, ihre „Unterordnung". Hier haben wir sowohl ein Kriterium für den Dienst der Frau, das auch auf andere Lebens- und Zusammenlebensgebiete angewandt werden kann (wo wird die von Gott gewollte Ordnung der Geschlechter verletzt?); hier eröffnet sich aber über der Wahrnehmung der paulinischen Argumentation auch ein ganz neuer Spielraum. Wie Paulus grund-

sätzlich und selbstverständlich keine Probleme bei der Mitwirkung der Frauen am Gottesdienst hat und nur dort einschreitet, wo der Schöpfungswille Gottes als Rahmen für das Zusammenleben der Geschlechter tangiert und darum dieses Zusammenleben gefährdet ist, so gibt es keine prinzipiellen Schranken für den Dienst der Frau, sofern dieser die von Gott gewollte Ordnung der Geschlechter nicht berührt oder in Frage stellt.

C. Schöpfungs-, Erhaltungs- und Versöhnungsordnung

Was ist nun der biblisch-theologische Horizont, in dem die Aussagen von 1 Kor 14 und 1 Tim 2 stehen und von dem her wir sie auch verstehen müssen?

1. Schöpfungsordnung

1. Mose 1,27: „Und Gott schuf den Menschen zu seinem Bilde, nach dem Bilde Gottes schuf er ihn; als Mann und Frau, männlich und weiblich, schuf er sie."

Mensch sein heißt Mann oder Frau sein

Schon hier fällt auf, daß die Erschaffung des Menschen sich nicht als Schöpfung eines „Neutrums" Adam vollzieht, sondern von vornherein in der Polarität der Geschlechter, als Mann und Frau. Der Mensch ist nur Mensch als Mann und als Frau. Das bedeutet eine nicht zu unterschätzende Spitze gegen alle Denk- und Verhaltensweisen, die den Menschen zuerst als Mann und erst in abgeleiteter Form dann auch als Frau begreifen und von daher die Minderwertigkeit der Frau zu begründen suchen.

Würde der Frau

Es fällt zudem auf, daß das Mensch-sein des Menschen als Mann- *und* als Frau-sein in unmittelbarer Nähe der Nennung seiner Gottesebenbildlichkeit steht.

Gottesebenbildlichkeit

Daß „erst Mann und Frau zusammen ... den ganzen Menschen" darstellen[32], wird auch in 1 Mose 2,17-24

---

32. Hans Walter Wolff: Anthropologie des Alten Testaments, München, 2. Aufl. 1974, 251.

Der ganze Mensch – erst Mann und Frau zusammen

Der Mensch ohne Frau – unvollkommen

Der Mensch ohne Frau – hilfsbedürftig

Charakterisiert durch den Mann

Die Frau als „Männin"

nicht bestritten, sondern ganz im Gegenteil in erzählender Weise bekräftigt. Das – durch den Erzählstil begründete – zeitlich Spätere ist nicht das sachlich Nachrangige. Im Gegenteil, es ist nicht gut, daß „der Adam" allein sei. Die Schöpfung ist ja eben noch nicht zum Abschluß gekommen (vgl. 1,10.18.25.31). Der Mensch bleibt unvollkommen, bis er lebt als Gegenüber von Mann und Frau. Diese letzte Einheit des Menschen im dualen wie polaren Gegenüber von Mann und Frau holt die soziale und sexuelle Einheit des Ein-Fleisch-seins in der Ehe ein und bildet sie neu ab.

Wiederum ist für den Kontext unserer „Geschichte" wichtig, daß die Frau, das Gegenüber zum Adam, nicht im Tierreich gefunden wird, über das der Mensch sogar dadurch herrscht, daß er ihm seinen Namen (seine Identität) aufprägt und gibt (2,19-20; 1,26). Die Frau ist vielmehr von der Art des Menschen, der Mann erst ist, zum Mann erst wird im Gegenüber von Mann und Frau. Daß die Frau als „Hilfe" (äsrah) qualifiziert wird, bedeutet nicht, daß es sich um eine im Grunde verzichtbare Ergänzung handelt. Genau als solche Hilfe seines Volkes kann das Alte Testament Gott selbst qualifizieren (vgl. 2 Mose 18,4; 5 Mose 33,26.29; Ps 33,20; 70,6; Sach 9,9 u.ö.).

Daß die Frau die vom Mann und Adam Genommene (2,22.23) ist, bedeutet freilich schon hier beides: Sie ist gleichwertig, im seinsmäßigen Sinn „gleich*art*ig", aber sie ist in ihrem Sein in doppelter Weise durch den Mann charakterisiert. Sie kommt von ihm her, und sie ist auf ihn. Das bestätigt die Namensgebung ischah, Männin, und das ist also ein Sachverhalt, der nicht erst für die Erhaltungsordnung kennzeichnend ist.

Diese „Hilfe" wird bestimmt als Gegenüber, als Entsprechung; damit ist schöpfungstheologisch allen Bestimmungen der Minderwertigkeit der Frau in einer Weise widersprochen, die bis heute kritische Kraft entfaltet.

2. Erhaltungsordnung

Die ursprünglich gute Schöpfung steht unter der hamartia, der (Macht der) Sünde. Auf ihr lastet ein Fluch (vgl. 1 Mose 3,17; 5,29). Es wäre aber ein fatales Mißverständnis, auch die Ordnungen als Fluch zu begreifen, die Gott dem gefallenen Menschen gibt. Diese sind nicht Fluch-[33] sondern *Lebens*ordnungen – Ordnungen, die helfen sollen zum Überleben in dieser gefallenen, unter dem Fluch der Sünde stehenden Welt.

Nicht Fluch-, sondern Lebensordnung

Ein Teil dieser Erhaltungsordnungen, die das Überleben der von Gott nicht aufgegebenen Menschheit sichern, bezieht sich auch auf das Verhältnis der Geschlechter. Zur Frau (ischah) wird unter anderem gesagt: „Nach deinem Mann (isch) wird dein Verlangen (dein Begehren, deine Leidenschaft) sein, er aber wird über dich herrschen" (1 Mose 3,16).

Diese Erhaltungsordnung ist der Sache nach keine andere als die Schöpfungsordnung; sie ist der Versuch, diese gute Ordnung des geschilderten Verhältnisses von Mann und Frau auch unter veränderten, sehr erschwerten Bedingungen zu bewahren und nicht völlig zu verlieren. Zu diesem Zweck wird die Schöpfungsordnung lediglich konturiert und damit stabilisiert.

Erhaltungsordnung als Schöpfungsordnung

---

33. Vor dem Hintergrund von Gal 3,28 („da ist nicht Mann noch Frau") und der dort angeblich vollzogenen Aufhebung der notvollen Institution Ehe durch die eschatologische Einheit in Christus haben manche christliche Ausleger nicht unterschieden zwischen dem Fluch, unter dem die Erde mit dem Sündenfall steht, und der Lebensordnung, die Gott gerade für dieses Leben unter dem selbstgewählten Fluch als Überlebensordnung gibt. 1 Mo 3,16 ist nicht selbst Ausdruck des Fluchs, sondern vielmehr Hilfe angesichts dieses Fluches. Abgesehen davon, daß im hebräischen Denken (und für hebräische Grammatik) kein Unterschied besteht zwischen der Übersetzung „nach dem Mann *soll / wird* dein Verlangen sein", handelt es sich in jedem Fall um eine Hilfestellung Gottes für die Frau, die dem Mann unterstellt wird. Diese Profilierung der Schöpfungsordnung ist der Frau zu ihrem Schutz gegeben. Sie als Ausdruck des Fluches zu begreifen, statt als Hilfe Gottes unter dem Fluch, als Erhaltungsordnung, in der sich selbstverständlich die Not der Entfernung aus dem Paradies notvoll niederschlägt, hieße den Sachverhalt: die Hilfe Gottes, in sein Gegenteil: einen Fluch Gottes, zu verkehren (vgl. die nun in der Tat notvollen Bestimmungen bei Hellmuth Frey: Das Buch der Anfänge, Kap 1-11 des ersten Buches Mose, Stuttgart, 1950, der schreibt: Gott „wendet ... sich den beiden zu und verflucht ihr Dasein als Frau"; ebd. 51).
Daß in die Ehe „demütigende Begierde ... und erniedrigende Herrschaft des Mannes" einziehen „soll"(!), daß nun „siegen und unterliegen, Hörigkeit und Despotismus die Geschlechter" bestimmen (so Hansjörg Bräumer:

Charakterisierung der Frau durch den Mann

Wie die Frau nach Gottes Schöpfungswillen vom Mann her und auf ihn hin, also in ihrem, dem Manne gleichwertigen Sein durch den Mann bestimmt ist, so wird sie nun ausdrücklich dazu angehalten, sich diese Charakterisierung und Bestimmung wegen ihrer Gefährdung (vgl. 1 Tim 2,14) und um ihrer Bewahrung willen gefallen zu lassen und aktiv anzuerkennen.

Was heißt „herrschen"?

Die Schöpfungsordnung wird im Kern nicht verändert, sondern profiliert weitergeschrieben. Der sprachliche Befund bestätigt diese Sicht. Für „Herrschen" steht in 1 Mose 3,16 nicht das hebräische „radah", das in 1,26.28 gebraucht wird im Sinne von „die Kelter treten,

Nicht unterwerfen –

unterwerfen, niedertreten". Es wird vielmehr maschal verwendet, das an vielen Stellen zur Kennzeichnung der Herrschaftsweise des Königs dient, der über sein Volk regiert, in dem er es durch sein Wort, seine Weisheit und Weisung lenkt.

sondern charakterisieren

Maschal, das ist im unmittelbaren Kontext 1 Mose 1,16 das „Herrschen" der Sonne über den Tag und das „Herrschen" des Mondes über die Nacht. Gemeint ist also ein Charakterisieren durch das Vorgeben von Rahmenbedingungen, – nicht aber und in keiner Weise eine Unterdrückung oder Unterwerfung, wie sie so oft aus unserem Text heraus – oder besser in ihn hineingelesen worden ist.

Daß das Bestimmt-sein der Frau gesteigert wird zur Ordnung des Beherrscht-werdens, hat – wie schon Pau-

---

Das 1. Buch Mose. 1. Teil, Kap 1-11, Wuppertal 1983, (Wuppertaler Studienbibel; Altes Testament, 95), das verkennt den Sinn dieses Handelns Gottes, legitimiert vielmehr in ungewollter gefährlicher Weise die Realität der Sünde, um deren Eingrenzung es gerade geht, und ist zudem Ausdruck eines im Prinzip antijudaistischen christlichen Triumphalismus, der davon ausgeht, daß genau dieser Fluch „in Christo" aufgehoben sei. Selbstverständlich handelt es sich um eine Strafordnung, aber doch nicht um eine destruktive Störung der ursprünglich guten Schöpfung, sondern – dem Wesen, Handeln und Planen Gottes (auch in 1 Mo 3,15) gemäß – um ein konstruktives, bewahrendes und zu Recht bringendes Tun des Lebendigen.
„Das Weib und der Mann sind nicht verflucht; (es ist gedankenlos, von ‚Verfluchung' zu reden!)" – so mit Recht Gerhard von Rad: Das 1. Buch Mose. Genesis, Göttingen 1972 (ATD; Bd. 2-4), 66.
Zur Diskussion von 1 Mo 3,16 vgl. den Exkurs Nr. 2 „Die Unterordnung der Frauen 1 Mo 3,16" bei: Werner Neuer: Mann und Frau in christlicher Sicht, Gießen/Basel, 2. erweiterte Aufl. 1982, 72-74.

lus 1 Tim 2,14 sieht – seinen Grund im Sündenfall selber. Weil die Frau offenbar in der Gefahr steht, die schöpfungsgemäße Ordnung zu verlassen und den Mann zu dominieren, ihn mit ihrem Verhalten zu prägen, wird sie in neuer Deutlichkeit an diese Schöpfungsordnung erinnert und bei ihr behaftet.

Bestimmen und Beherrschen

1 Tim 2 nimmt – wie schon gezeigt – zur Begründung des Lehrverbotes konsequent beide Ordnungen auf:
- die Schöpfungsordnung: Adam wurde zuerst gebildet, danach Eva; Paulus erinnert hier an das Genommen-sein der ischah vom isch; und

Schöpfungsordnung

- die Erhaltungsordnung: Adam wurde nicht betrogen, die Frau aber wurde betrogen und fiel (zuerst) in Übertretung (2,14). Paulus nimmt hier die in der Erhaltungsordnung gegebene, notwendig gewordene neue Verdeutlichung der guten Ordnungen Gottes auf.

Erhaltungsordnung

Daß Paulus sich sowohl auf 1 Mose 2,7.22 wie auch auf die Sündenfall-Geschichte (1 Mose 3,1-18) beziehen *kann,* zeigt, daß in der Sache kein Gegensatz zwischen beiden Ordnungen besteht; daß es sich faktisch um denselben Willen Gottes handelt, der unter veränderten Umständen zur Geltung kommen soll und – um des Überlebens des Menschen willen – muß.

Derselbe gute Wille Gottes

3. Versöhnungsordnung

Wenn es um die buchstäblich „*neu*testamentliche" Ordnung geht, die im Neuen Bund, in der neuen Schöpfung gilt, dann wird hier immer wieder verwiesen auf Gal 3,28: „Da ist nicht Jude noch Grieche (= Heide), da ist nicht Sklave noch Freier, da ist nicht Mann noch Frau; denn ihr alle seid einer in Christus Jesus." Was bedeutet die neue Schöpfung für das Verhältnis von Mann und Frau?[34]

Die „neue" Ordnung (Gal 3,28)

Daß das zentrale Ereignis der Weltgeschichte, das diese Welt selbst verändert, daß die Zugehörigkeit zu Christus auch etwas zu bedeuten hat für das Verhältnis

Hebt Gal 3,28 die Polarität der Geschlechter auf?

---

34. Vgl. dazu Gerhard Lohfink: Wie hat Jesus Gemeinde gewollt? Freiburg/Basel/Wien 1982, besonders 103-116.

der Geschlechter, das ist selbstverständlich. Eine andere Frage ist es freilich, ob es damit – wie oft unterstellt – schon aufgehoben ist, ob also in der Gemeinde Christi das Mann- und Frausein keinerlei Rolle mehr spielt. In diesem Sinne hat man freilich Gal 3,28 immer wieder gegen 1 Kor 14 und 1 Tim 2 ausspielen, in Gal 3,28 den originären Paulus, in 1 Kor 14 und 1 Tim 2 nur einen Pseudo-Paulus hören wollen.

Gal 3,28 und 1 Kor 14/1 Tim 2 – ein Gegensatz?

Aufhebung der Polarität der Geschlechter im Reich Gottes?

Gegen dieses Verständnis von Gal 3,28 im Sinne einer Aufhebung der Polarität der Geschlechter coram Deo (vor Gott) sprechen aber eine ganze Anzahl gewichtiger Überlegungen:

(1) Wieder kann es helfen, sich parallele Textzusammenhänge zu vergegenwärtigen, auf die im übrigen auch von den Verfechtern des oben genannten Verständnisses von Gal 3,28 gerne verwiesen wird.

Kol 3,11 – eine Parallele

Kol 3,11: „Da ist weder Grieche noch Jude, Beschneidung noch Unbeschnittenheit, Barbar, Skythe, Sklave, Freier, sondern Christus alles und in allen." Es liegt eine in der Struktur und in der Intention ganz analoge Aussage vor. Christus ist alles und in allen. Darum gibt es weder Heiden noch Juden, weder Sklaven noch Freie – in Christus! So in Gal 3,28 und Kol 3,11! Daß damit aber nicht die Aufhebung der Polarität der Geschlechter gemeint ist, zeigt der erstaunliche Sachverhalt, daß Paulus sich Kol 3,17, also in Fortsetzung von Kol 3,11, eben durch diese Aussagen nicht gehindert sieht, auch und gerade für die Gemeinde als neue Schöpfung Gottes Weisungen zu geben und Ordnungen zu installieren, die sich an den sozialen Kennzeichen und Verhältnissen orientieren, die doch – angeblich! – überwunden sind.

Keine Aufhebung der sozialen Unterschiede

Ein Widerspruch ergibt sich hier freilich nur dann, wenn man Vers 11 einen Aussagewillen unterstellt, der – beachtet man den Kontext – nicht gegeben ist. 3,11 meint eindeutig eine soteriologische (*heils*mäßige) Bestimmung. Paulus ruft dazu auf, den neuen Menschen anzuziehen und den alten mit seinen Handlungen, Interessen, Kennzeichen auszuziehen, die der Christusherrschaft entgegenstehen (3,9.10). Was das Erneuertwerden des neuen Menschen, was das Anziehen des neuen Menschen heißt (3,10), das beschreibt Paulus nicht als Wegfall aller sozialen Schranken oder Bestimmungen, sondern als Durchdringen und Verändern dieser Strukturen im Licht des Evangeliums. Das Evangelium, die Herrschaft Christi hebt diese Struktur nicht auf, sondern gestaltet sie um.

(2) Entsprechendes gilt auch für 1 Kor 12,13: Derselbe Paulus, der betont: „In *einem* Geist sind wir alle zu *einem* Leib getauft worden, es seien Juden oder Griechen, es seien Sklaven oder Freie, und sind alle mit *einem* Geist getränkt worden", – derselbe Paulus läßt sich durch dieses Behaften der so unterschiedlichen Gemeindeglieder bei ihrer Einheit in Christus nicht davon abhalten, 1 Kor 11,7 f. und 1 Kor 14,34 f. auch, ja gerade für die Gemeinde des neuen Bundes ganz konkrete, geschlechtsspezifische Regeln auszusprechen. Trotz – oder – wie wir sehen werden – wegen der neuen Einheit der Geschlechter in Christus kann Paulus formulieren: „Der Mann ist Gottes Bild und Abglanz; die Frau aber ist des Mannes Abbild; denn der Mann ist nicht von der Frau, sondern die Frau ist um des Mannes Willen" (1 Kor 11,7 f.).

Konkrete Regeln für die Gemeinde des neuen Bundes

Wir fassen zusammen: Das In-Christus-sein meint einen soteriologischen, nicht aber einen anthropologischen Sachverhalt; es kann darum nicht „im Sinne ... der Frauenemanzipation gemeint sein", die die Geschlechterschranken einreißt[35]. Es geht um das Heil des Menschen unter der neuen Herrschaft Christi, die freilich nicht ohne Konsequenzen sein und bleiben kann für die natürlichen Lebensverhältnisse, die vom Evangelium weder beseitigt noch einfach stehengelassen, sondern durchdrungen und umgestaltet werden (vgl. auch 1 Kor 7,3 f.; 1 Kor 11,11 f.).

Keine anthropologische, sondern eine soteriologische Aussage

---

35. Albrecht Oepke: Der Brief des Paulus an die Galater, bearbeitet von Joachim Rohde, Wien, 4. Aufl. 1979 (Theologischer Handkommentar zum NT; Bd. IX), 126.

Gal 3,28: die Taufe im Blick

(3) Daß auch Gal 3,28 eine Aussage über unser Heil darstellt, aber nicht behauptet, es gäbe nun keinen Mann oder keine Frau, keinen Juden oder Heiden mehr, zeigt der unmittelbare Zusammenhang dieser Spitzenaussage. Im Gegenüber zum Gesetz, dem hier unter *heils*geschichtlicher Perspektive die Funktion eines Zuchtmeisters auf Christus hin zugeordnet wird, betont Paulus die Rechtfertigung aus Glauben (V 24 f.). Signatur des Glaubens und der aus ihm resultierenden Gottessohnschaft ist die Taufe.

(V 27). *Von ihr* als dem soteriologischen Zentraldatum wird gesagt: „Da ist nicht Jude noch Grieche, ... da ist nicht Mann noch Frau" (V 28).

Das Heil in Christus hat Folgen

Genausowenig, wie es richtig wäre, in dieser Aussage eine Überwindung der Polarität der Geschlechter (und der ihnen entsprechenden Funktionen und Verhaltensweisen) sehen zu wollen, genauso falsch wäre es umgekehrt, diese soteriologische Bestimmung ohne Folgen sehen zu wollen für das faktische Zusammenleben der verschiedenen sozialen Gruppen in der Gemeinde, also für Juden und Heiden, Männer und Frauen, Sklaven und Freie, Kinder und Eltern etc.

Was alle anderen Bindungen in Frage stellt: meine Bindung an Christus

Daß alle eines Sinnes sind in Jesus Christus, daß mit Gal 2,20 gesprochen nicht mehr ich lebe, sondern Christus lebt in mir, – das bedeutet ja, daß diese eine Loyalität zu Christus alle anderen Loyalitäten in Frage stellt und relativiert; daß diese eine Bindung alle anderen Bindungen in Frage stellt und relativiert; daß diese eine Herrschaft alle andere Herrschaftsverhältnisse in Frage stellt und relativiert. Dieses gemeinsame durch den Glauben „in-Christus-sein" ist ja keine reine Theorie; es wirkt sich vielmehr im Alltag des Zusammenlebens von Männern und Frauen, Eltern und Kindern, Herren und Knechten aus: „Nun ist all das nicht mehr das Wichtigste und bestimmt nicht mehr das ganze Leben."[36]

---

36. Adolf Schlatter: Die Briefe an die Galater, Epheser, Kolosser und Philemon. Ausgelegt für Bibelleser (Erläuterung zum NT; Bd. 7), neu durchgesehene Auflage 1963, 101.

4. Die Herrschaft des Christus führt zur Befreiung der Frau

Man hat nun gefragt, ob die Frauenemanzipation nicht genau im Trend der Dynamik liege, die durch die verwandelnde *dynamis* des Evangeliums in unsere Lebensverhältnisse hineinkommt. Mit anderen Worten, ist es nicht genau das Ergebnis einer solchen Umgestaltung der sozialen Verhältnisse vom Evangelium und von der alle anderen Bindungen relativierenden Herrschaft Jesu Christi her, daß in der Gemeinde eben nicht mehr zwischen Mann und Frau unterschieden wird; daß der Frau eben *alle* Wirkungsmöglichkeiten offen stehen? Und man hat auf die Dynamik verwiesen, die das Evangelium schon innerneutestamentlich hinsichtlich der Sklavenbefreiung entfaltet hat, die im Sinn des Evangeliums freilich erst in nachkanonischer Zeit zu ihrem Ziel gekommen ist. Paulus hat zwar nicht einfach die Freiheit der Sklaven verkündigt (1 Kor 7,17-24); aber er hat doch aus der Freiheit in Christus auf die gesellschaftliche Befreiung zurückgeschlossen, die sich im Gefolge dieser soteriologischen Bestimmung konsequent ergibt. Auch wenn er Philemon um die Freilassung des Onesimus *bittet,* so hätte er sie doch auch *erzwingen* können (Philemon 14). Vom Evangelium her ist klar, daß Philemon den Onesimus „nicht länger als einen Sklaven" behandeln darf, sondern in ihm „den geliebten Bruder" anerkennen muß (V 17).

Die Freiheitsdynamik des Evangeliums

Die Überwindung dieser Ordnung ist also im Evangelium mindestens angelegt, wenn auch in neutestamentlicher Zeit noch nicht realisiert. Gilt nicht entsprechendes auch für die Ordnung von Mann und Frau? Wir antworten in dreifacher Weise:

Sklavenbefreiung als Parallele?

(1) Die gesellschaftliche Struktur der Herrschaft im Sinn der Versklavung von Menschen durch Menschen ist keine Schöpfungsordnung, sondern Teil einer gefallenen Schöpfung. Wo Gottes neue Schöpfung Realität wird, muß darum eine solche Unrechtsstruktur, die Signatur der Herrschaft des Bösen über die Welt ist, weichen.

Sklaverei als Teil der gefallenen Schöpfung

Die Herabwürdigung der Frau muß schwinden

(2) In diesem Sinn wird dort, wo das Evangelium in der Beziehung von Mann und Frau Gestalt gewinnt, Unterdrückung und Herabwürdigung der Frau oder auch des Mannes immer mehr weichen und im Gehorsam gegen Christus verschwinden müssen.

Das Verhältnis Mann - Frau als gute Ordnung Gottes

(3) Anders als das Verhältnis Herr/Sklave kommt aber das Verhältnis Mann/Frau unter der Herrschaft Jesu Christi nicht an sein Ende, weil es im Gegensatz zur Sklaverei eine Schöpfungsordnung darstellt, die nicht überholt, sondern in ihrer Schönheit und Güte (vgl. die Doppelbedeutung des hebräischen tow) allenfalls eingeholt werden kann. Im Sein des Menschen als *polarer Einheit* von Mann und Frau stehen wir vor dem guten Willen Gottes, der nicht überboten, sondern allenfalls erfüllt werden kann.

Eine „Reliquie des Pradieses"

Dies ist der entscheidende und einleuchtende Grund dafür, daß Paulus gerade die Gemeinde als neue Schöpfung nicht aus dieser Ordnung entläßt, sondern unter sie (zurück-)ruft. Nicht ein noch zu überwindendes Überbleibsel der alten Schöpfung ist dieses Verhältnis der Geschlechter, – das wäre ein fundamentales und verhängnisvolles Mißverständnis! Die polare Einheit des Menschen als Mann und Frau ist vielmehr „Reliquie des Paradieses"[37], Signatur der guten Schöpfung Gottes, deren Ordnungen in der neuen Schöpfung nicht überwunden, sondern endlich erfüllt werden können. Wie Christus das *Ende* des Gesetzes als *Heils*ordnung ist, so kommt der gute Gotteswille als *Lebens*ordnung unter der Herrschaft Christi im Glauben endlich zu seinem *Ziel* (vgl. Röm 10, 4: telos als Ende und als Ziel).

In Christus kommt Gottes guter Wille für Mann und Frau zum Ziel

In der Gemeinde ist es ja allererst möglich, diesen guten, lebeneröffnenden Willen Gottes zu praktizieren. Ganz in diesem Sinn etabliert Paulus in 1 Kor 11,8 ff. nicht eine reaktionäre Geschlechterordnung, sondern die

---

37. So Paul Schütz im Anschluß an eine Formulierung von Friedrich Hölderlin (Paul Schütz: Gesammelte Werke, Bd. 1-3, Hamburg 1966-1971, Bd. II, 323).

ursprüngliche Schöpfungsordnung. Gemäß dieser „soll die Frau eine Macht auf dem Kopf haben" (V 10), als Zeichen der Macht, unter der sie steht. Aber Paulus betont als Versöhnungsordnung doch nichts anderes als die Schöpfungsordnung: „Dennoch ist im Herrn weder die Frau ohne den Mann (etwas), noch der Mann ohne die Frau" (V 11). Hier, in Christus, kann und wird das gelebt werden, was als Bestimmung des Menschen doch schon Kennzeichen der Schöpfung ist: Der Adam ist nichts ohne die ihm und seinem Menschsein entsprechende „Hilfe"[38], die wiederum in ihrem Sein als „ischah" von diesem „isch" her ist und auf ihn hin ist.

Man kann diesen schöpfungstheologischen Horizont natürlich anfechten und in Frage stellen; man sollte aber doch nicht bestreiten, daß Paulus in allen seinen Aussagen von diesem Horizont her denkt und daß diese alttestamentliche Anthropologie mit den paulinischen Aussagen zum Verhältnis der Geschlechter ein reflektiertes und in sich differenziertes Ganzes darstellt.

Ein durchdachtes Ganzes

Schöpfungs-, Erhaltungs- und Versöhnungsordnung stehen darum nicht in einem Gegensatz zueinander. Sie artikulieren das Verständnis des Menschen als polare Einheit von Mann und Frau nur unterschiedlich: in Entsprechung zur jeweiligen Lage des Menschen als Paradiesordnung, als Erhaltungs- oder Überlebensordnung angesichts der Herrschaft der hamartia („Sündenmacht") und schließlich als Verhältnis der Versöhnten, die als Mann und Frau ihre jeweilige Geschlechtlichkeit nicht preisgeben, sondern dem ursprünglichen Willen Gottes gemäß in der Gemeinde erfüllt leben können, dürfen und sollen.

Schöpfungs-, Erhaltungs- und Versöhnungsordnung als Einheit

---

38. „Gehilfin soll ich also sein. Nicht von einer Aushilfe wird da geredet, die je nach Laune und Bedarf des Mannes eingesetzt werden kann. Hilfe ist nötig, wo einer alleine nicht zurechtkommt. (...) Das Gehilfin-Sein ist ein hoher Adel, den der Schöpfer uns beigelegt hat und in keiner Weise minderwertig. In unserer Andersartigkeit sind wir gleich wertvoll." (Marianne Herrmann/ Irma Witt: Der seelsorgerliche Dienst der Frau in der Gemeinschaft, Dillenburg 1989 (Gnadauer Materialdienst; H.30),7.

5. Begründung des Verhältnisses der Geschlechter im dreieinigen Gott selber

Begründung der Geschlechterordnung in Gott selbst

Daß es sich bei der Zuordnung der Frau zum Mann nicht um eine bloß zeitbedingte, überholbare Ordnung handelt, zeigt sich daran, daß Paulus das Verhältnis von Mann und Frau christologisch, ja sogar trinitarisch, unter Bezugnahme auf den dreieinigen Gott selbst, begründen kann. Erst von dieser Begründung her fällt dann auch Licht auf die für unser Bewußtsein anstößige Rede vom Mann als „Haupt" (griechisch kephale) der Frau; erst von hier aus läßt sich dann auch ein Mißbrauch dieser Redeweise ausschließen. Erst von dieser, nicht mehr zu überbietenden Begründung und Anbindung her läßt sich dann vielleicht auch dort eine Öffnung für die biblische Schau von Mann und Frau erreichen, wo bislang ein emanzipatorisches Denken oder aber eine patriarchalische Instrumentalisierung der biblischen Geschlechterordnung den Zugang zu Gottes guten Lebensordnungen verstellt hat.

Christologische Rahmung

Die Aussagen über den Mann als Haupt der Frau sind in 1 Kor 11,3 buchstäblich eingerahmt durch zwei Aussagen über Christus, die zentraler und gewichtiger nicht sein könnten[39]. Das Haupt eines jeden Mannes ist Christus, des Christus Haupt aber ist Gott.

Die nun folgenden Erörterungen über die Gebetspraxis bauen auf diesem Grundsatz auf, den sie im Prinzip nur anwenden und entfalten.

Wir wenden uns zunächst der trinitarischen Begründung zu: Der Mann ist das „Haupt" (kephale) der Frau,

---

[39]. Das hat schon Karl Barth beobachtet und in seiner systematisch-theologischen Bedeutung herausgestellt in: ders.: Die Kirchliche Dogmatik, 3. Bd., Die Lehre von der Schöpfung, 4. Teil (KD III, 4), Zürich 1951, 193. Was Barth eben dort (192 ff) zur kephale-Struktur und zum hypotassesthai zu sagen weiß, hat nach wie vor wegweisende Bedeutung. Die Bedeutung der kephale-Struktur für eine systematisch-theologische Bestimmung des Verhältnisses von Mann und Frau und für die Frage nach dem Dienst der Frau in der Gemeinde hat 1950 Peter Brunner in einer Weise herausgearbeitet, die bis heute Gültigkeit besitzt. Vgl. ders.: Das Hirtenamt und die Frau, in: ders.: Pro Ecclesia. Gesammelte Aufsätze zur dogmatischen Theologie, Bd. 1, 3. unveränderte Aufl. 1990, 310-338, besonders 317 f.

wie Christus das Haupt des Mannes ist und wie Gott, der Vater, das Haupt Christi ist. Wir stehen vor der ungeheuren und weitreichenden Behauptung, daß das Verhältnis von Mann und Frau in seiner kephale-(Haupt-) Struktur die göttliche Dreieinigkeit selbst abbildet, ja sogar fortsetzt. *Wie* Christus zu Gott gehört, so gehört der Mann zu Christus, und so gehört die Frau zum Mann.

Abbild der göttlichen Dreieinigkeit

Wie Christus allein die Ehre des Vaters sucht, so sorgt der Vater für das Leben des Sohnes, den er dem Tod entreißt und zu seiner Rechten erhöht. Wie Gott ihm alles unterworfen und seiner Herrschaft geöffnet hat, so wird sich der Sohn selbst dem unterwerfen, der ihm alles unterworfen hat (1 Kor 15,27-28).

Schon hier ist deutlich: Es geht entgegen dem ersten Anschein bei dieser „Herrschafts"-Begrifflichkeit nicht um Herrschen als Ich-zentrierten Akt der Selbst-Sucht und Selbstverwirklichung, sondern um „Hauptsein" einerseits und „untertansein" andererseits als Akte gegenseitiger, wenn auch nicht austauschbarer, so doch je besonderer Liebe, Zuwendung und Fürsorge. Hier wie häufiger auch sonst im NT stehen wir vor dem Sachverhalt, daß die Gemeinde Jesu Christi ja einerseits nicht anders kann, als das, was sie sagen will, in den Worten und Begriffen auszusagen, die ihr durch ihre Umwelt vorgegeben sind; daß sie andererseits diese aus der profanen Welt entnommenen Begriffe „umtauft", d.h. mit einem ganz neuen, veränderten, durch das Licht des Evangeliums bestimmten Sinn versieht. So ist ein „Haupt" und ein „Herr" (kyrios) in der Gemeinde Jesu Christi etwas grundlegend anderes als in der ungläubigen Umwelt.

Die biblische Umtaufung unserer Begriffe

Die Angst vieler mündiger, Verantwortung in Familie und Gemeinde wahrnehmender Christinnen, unter Berufung auf die einschlägigen Bibelstellen unterdrückt und der Herrschaft von Brüdern ausgeliefert zu werden, ist zumindest verständlich, mindestens aber ernstzunehmen. Es stellt eine ganz besonders raffinierte Strategie des „Vaters der Lüge" und Durcheinanderwerfers aller

Christus zeigt, was Haupt-Sein bedeutet

Wahrheit und Orientierungen dar, durch eine falsche Praxis und durch Mißbrauch der Bibel gerade solche Aussagen in Mißkredit zu bringen, die von besonderer Bedeutung für christliche Lehre und christliches Leben sind. Kriterium für das richtige Verständnis der biblischen Aussagen über den Mann als kephale der Frau muß darum sein, daß diese kephale-Struktur nach dem Vorbild Christi (Eph 5,23.25) so gelehrt und gelebt wird, daß Frauen sich diesem „Haupt" gern und bereitwillig unterordnen bzw. zuordnen lassen.

Das Haupt Christus gibt sich dahin

Wer sich an der kephale-Struktur für das Mann- und Frausein stößt, der muß darum zuerst an dem Anstoß nehmen, was hier über die Haupt-Struktur im dreieinigen Gott selbst offenbart und gesagt ist. Bezeichnend ist, daß Paulus zwar auf das Verhältnis von Christus zu seiner Gemeinde Bezug nimmt, um die kephale-Struktur zu erläutern, daß es aber ausschließlich die *Hingabe des Christus* für seine Gemeinde ist, die zur Erläuterung herangezogen wird, nicht aber die Kreuzesnachfolge oder die Aufforderung zu unbedingtem Gehorsam.

Es gibt keine stärkere theologische Verankerung

Noch einmal wird deutlich, daß Paulus das jeweils spezifische Mann- und Frausein für alles andere als erledigt hält. Er kann diese Polarität des Menschen als Mann und Frau und die spezifisch biblische kephale-Struktur ja theologisch nicht stärker begründen als durch die Verankerung im innertrinitarischen Verhältnis von Gott-Vater und Sohn. Sie wird ihm zum theologischen Horizont für die Regelung sogar von Details der Korinthischen Gebetspraxis.

Die einheitliche Sicht bei Paulus

Daß der Epheserbrief auch in dieser Frage nicht – wie oft unterstellt – eine bloß pseudopaulinische Sonderlehre vertritt, sondern paulinisches Urgestein mitteilt, wird daran deutlich, daß Eph 5,21 ff. nur Konsequenzen aus 1 Kor 11,3 ff. zieht.

Eph 5,23

Hier wird vor allem in Hinblick auf das familiäre Zusammenleben erneut festgestellt: Der Mann ist das Haupt der Frau (5,23). Wie Christus das Haupt der Gemeinde ist, *so* ist der Mann das Haupt der Frau; wie

Christus seine Gemeinde liebt und sich sogar aus Liebe für sie dahingegeben hat, so soll auch der Mann seine Frau lieben wie seinen eigenen Leib. Wie Christus der Heiland des Leibes (der Gemeinde; 1 Kor 12) ist, so soll der Mann seine Frau lieben *als* seinen eigenen Leib. Hier fällt ein Doppeltes auf und ins Gewicht:

(1) Die Parallelisierungen zeigen: „Haupt" sein heißt zunächst und vor allem: nicht das Eigene suchen, sondern den anderen; „Haupt" der anderen sein, heißt sie lieben wie sich selbst, ja noch mehr: es heißt: *in der Liebe zu ihr* sich selbst lieben (vgl. die analoge Weisung Jesu Mk 10,43 f.).

Haupt sein zeigt sich in der Liebe

Hier erschließt sich vom Christusereignis her die Bedeutung dessen, was Hauptsein, was Herrschen, was Herrsein heißt: nicht sich dienen zu lassen, sondern zu dienen und zu lieben, sich hinzugeben für den/die andere (vgl. Mk 10,45).

Das Vorbild Christi

Die Schöpfungsordnung wird in der Versöhnungsordnung zwar nicht ersetzt, auch nicht überboten, aber doch im Licht der Christusoffenbarung als Liebesordnung zu ihrem ursprünglichen Ziel gebracht. Es scheint dabei in dieser Versöhnungsordnung nach dem Vorbild Christi etwas auf, was in der Schöpfungsordnung zwar angelegt ist, aber ohne Christus nicht und nie ans Licht gekommen wäre.

(2) Paulus lernt für das Verhältnis von Mann und Frau Entscheidendes, indem er auf das Verhältnis von Christus zur ekklesia (Kirche) schaut. Mann und Frau bilden als Teil der neuen Schöpfung in ihrem Miteinander in einer christlichen Ehe oder auch in der christlichen Gemeinde das Heilshandeln Christi an seiner Gemeinde/ „Braut" ab.

Ehe als Abbild des Verhältnisses Christi zu seiner Gemeinde

Sie sind als Mann und Frau in ihrem durch das Vorbild Christi bestimmten Leben ein „Brief Christi" (2 Kor 3,3 f.), in dem sich die Liebe und die Hingabe des Christus für die Gemeinde abbildet. So lautet mindestens die Vorgabe des Neuen Testamentes für unser Leben.

Mann und Frau als „Brief Christi"

Die Polarität der Geschlechter bildet Gott selbst ab

Unabhängig davon, ob 1 Mose 1,26 der Plural „Laßt uns Menschen machen" zurecht schon auf die Dreieinigkeit gedeutet werden darf oder ob die Engelwesen mitangesprochen sind: in der Sache stellt Eph 5,21 ff., mehr noch aber 1 Kor 11,3 f. heraus,

- daß sich in der Polarität der Geschlechter einschließlich der sie bestimmenden kephale-Struktur Gott selbst abbildet,
- daß sich darum ein Stück weit in ihr die Gottesebenbildlichkeit des Menschen dokumentiert;
- daß Paulus in 1 Kor 11,3 „das Gesetz": 1 Mose 1,28 „Gott schuf den Menschen nach seinem Bilde; als Mann und Frau schuf er sie", auslegt. Paulus will zeigen, wie sich die innergöttliche Haupt-Struktur im Verhältnis der Geschlechter abbildet und fortsetzt.

Eines sein in Christus heißt, nach dem fragen, was er für den Mann / die Frau will

Es ist nun plausibel, daß Gal 3,28 und Eph 5,21 keinen Gegensatz, schon gar keinen Widerspruch, sondern eine letzte Einheit darstellen. Daß sich nach Eph 5,21 Mann und Frau einander unterordnen sollen – in der Furcht Christi –, heißt ja nichts anderes, als daß sie eines/einer sind in Christus; daß ihm ihre ganze Loyalität gehört; daß er ihr Herr ist, der ihr Leben bestimmt. Diese gemeinsame Furcht Christi und dieses Einssein in Christus zeigt sich aber nun gerade darin, daß sich – wie Paulus sofort entfaltet – „die Frauen den eigenen Männern (unterordnen) als dem Herrn" (5,22) und die Männer es Christus „schuldig sind, ihre Frauen zu lieben wie/ als ihre eigenen Leiber" (5,28). Gerade die letzte Loyalität gegenüber Christus führt die Frauen zur Unterordnung gegenüber dem Mann; gerade die Furcht Christi führt den Mann dazu, die eigene Frau mehr zu lieben als sich selbst.

Gerade das Einssein in Christus (Gal 3,28) begründet so die Polarität der Geschlechter und die sie biblisch auszeichnende kephale-Struktur.

III. KONSEQUENZEN

A. Für das Zusammenleben von Mann und Frau

Es hieße, das Gesamtgefälle der biblischen, vor allem neutestamentlichen Aussagen umkehren, wenn man sich lediglich auf die Frage nach dem Verkündigungsdienst und der Partizipation der Frau an der Gemeindeleitung konzentrieren würde. Wer hier im Kleinen treu sein will, der muß es vor allem auch im Großen und Ganzen sein.

Keine Beschränkung auf ein isoliertes Detailproblem

Die Glaubwürdigkeit der hier zu treffenden Detailregelungen und ihre Überzeugungskraft hängen daran, ob Männer von den Frauen nur die Einhaltung der kephale-Struktur einfordern oder ob sie ihnen zunächst in ihrem Verhalten zuvorkommen und das Hauptsein Christi entsprechend seiner Dahingabe im Miteinander der Geschlechter praktizieren. „Haupt" sein kann nur der, der die Liebe des Christus zur Gemeinde in seinem eigenen Leben und Verhalten nachbildet! Und wer sich dieses Sachverhaltes selbstkritisch bewußt wird, wird kaum unkritisch und selbstbewußt die „Unterordnung" anderer einfordern.

Hauptsein und sich als Haupt verhalten gehören zusammen

So wie Paulus das Hauptsein Christi über die Gemeinde vor allem in der Dahingabe Christi für seine „Braut" realisiert sieht, ist der Einsatz und die Sorge, ja die Aufopferung des Mannes für die Frau der notwendige Lebens- und Verstehenshorizont, in dem allein dann umgekehrt die Unterordnung der Frau plausibel wird. Denn nur dort, wo ein anderer mich liebt wie sich selbst oder noch mehr: „als seinen eigenen Leib", wo also sein Leben in dieser Welt, seine vitalen Interessen und Lebens- wie Überlebenswünsche mit meinen deckungsgleich werden, nicht weil seine zu meinen, sondern weil meine zu seinen werden, – nur dort bin ich ja entlastet von der Not, mich selbst be-*haupt*-en zu müssen. In ganz analoger Weise übergibt der Christ sein Leben mit allen sei-

Hingabe des Hauptes als Voraussetzung für den Verzicht auf Selbstbehauptung

nen Wünschen und Erwartungen an Christus, weil er davon ausgeht, daß Christus ihn mehr liebt, als er sich selbst je zu lieben vermöchte.

Erst eine solche Haltung des Mannes, der in seinem Verhalten Christus abbildet, kann verhindern, daß ein entsprechendes Verhalten der Frau auf der bloßen, gesetzlichen Einhaltung von Forderungen beruht, nicht aber auf einer Haltung zum Mann, in dem sie nun ihrerseits das kephale-Sein Christi abgebildet sieht (vgl. 1 Kor 11,7).

Heil werden Ehen und Familien nur am Vorbild Christi

Nur ein solches, ganzheitliches Leben der christologischen Einbindung des „Haupt"-seins des Mannes über die Frau wird der Herabwürdigung und Abwertung, auch der manchmal unter uns noch praktizierten Unterdrückung von Frauen ein Ende bereiten. Nur diese Rückbesinnung auf das Vorbild Christi kann zu einer Befreiung aus der postmodernen Identitätskrise und umgekehrt zu einer in Christus gegründeten Identität führen, die die christliche Gemeinde als Gegengesellschaft erkennbar werden läßt. Nur ein solches am kephale-Sein Christi orientiertes Verhalten der Ehemänner gegenüber ihren Frauen wird dann auch der weit verbreiteten Sehnsucht und dem biblisch begründeten Anliegen vieler christlicher Frauen Rechnung tragen, daß ihr Mann weder „Chauvi" noch „Macho", aber doch auch nicht bloß Partner, sondern an Christus orientiertes „Haupt" seiner Familie ist, für die er priesterlich vor Gott steht und Verantwortung wahrnimmt[40].

Gefragt: eine neue Lebensordnung

Die unter uns und wie es scheint auch in anderen Gemeinschaften und Freikirchen in Gang gekommene Rückfrage nach Stellung und Dienst der Frau in der Gemeinde Jesu Christi hat darum Sinn und Auswirkung nur dann, wenn sie sich nicht ausschließlich und isoliert als theologisch-theoretische Aussprache und Klärung

---

40. Vgl. P. Bunny Wilson: Mich unterordnen? Das Prinzip der Unterordnung neu entdeckt, Kehl/Rh. 2. Aufl. 1994.

vollzieht, sondern eingebettet ist in die unser ganzes Leben umfassende Frage nach dem Willen Gottes für Mann und Frau und wenn wir bereit sind, dieser *Lebensordnung* in unserem Leben einen profilierten Ausdruck zu geben.

B. Für den Verkündigungsdienst der Frau

1. Das christliche Ja zur Frau und zu ihrem Dienst

Grundsätzlich gilt: Der christliche Glaube ist nicht frauenfeindlich. Er hat kein Interesse daran, der Frau prinzipiell den Mund zu verbieten. Es geht erkennbar nicht um ein grundsätzliches Schweigen der Frau im Gottesdienst oder in der Gemeinde. Als Kriterium wurde deutlich, daß Paulus (und das übrige Neue Testament; vgl. z.B. noch 1 Petr 3,1 ff.) sich vielmehr an der in Christus zu ihrem Ziel gekommenen Schöpfungsordnung orientiert, daß er freilich von der in ihr angelegten Unterscheidung der Geschlechter her mit dem ganzen Gewicht der Thora gegen Verhaltensweisen votiert, die dieser Schöpfungsstruktur zuwiderlaufen und darum Mann und Frau nur schaden können. Grundsätzlich trägt diese Schöpfungs-, Erhaltungs- und Versöhnungsstruktur aber nicht die Signatur des Nein, sondern des Ja; stellt sie nicht eine Einschränkung, sondern vielmehr eine Befreiung des Wirkens der Frau dar.

Christlicher Glaube nicht „frauenfeindlich"

Auch wenn wir nicht in kurzschlüssiger Weise das bloße Verhalten in urchristlicher Zeit zur Norm deklarieren, läßt sich doch beobachten, daß eine ganze Reihe von Verhaltensweisen und Diensten der Frau völlig unangefochten und wie selbstverständlich erwähnt werden. Diese scheinen also nicht im Konflikt zu der kephale-Struktur gestanden zu haben. Zu diesen Diensten gehört neben dem Diakonen-Amt (vgl. z.B. Röm 16,1f., Phöbe) auch eine breite Palette von Mitwirkungen am Verkündigungsdienst.

Der völlig selbstverständliche Dienst der Frau

2. Der Dienst der Prophetie

Ausgießung des Geistes „auf alles Fleisch"

Die im Alten Testament geweissagte Ausgießung des Geistes Gottes auf alles Fleisch an Pfingsten und nach Pfingsten bezieht ausdrücklich die Frauen mit ein (vgl. Joel 3,1-5; Apg 2,16-18). Paulus fordert dazu auf, daß die Gemeindeglieder in Korinth die geistlichen Gaben, vor allem aber die Gabe der Weissagung (Prophetie) erstreben und praktizieren sollen (1 Kor 14,1). Eine Einschränkung ist hier nicht erkennbar; es ist im Gegenteil in 1 Kor 11,5 als selbstverständlich und unproblematisch vorausgesetzt, daß Frauen weissagen (angemahnt wird nur eine spezifische Art und Weise, in der dies geschehen soll); dies wird bestätigt durch die Erwähnung der vier weissagenden Töchter des Philippus in Apg 21,8 f..

Gemeindeversammlung als Ort des Prophezeiens/ Weissagens

Die Weissagung ist ganz ausdrücklich ein Dienst, der in der Gemeindeversammlung wahrgenommen wird und nicht auf die Privatsphäre eines Hauses eingegrenzt werden kann. Prophetie wird 1 Kor 14,3 inhaltlich bestimmt als Reden „zu den Menschen(!)". Sie ist „Erbauung und Ermahnung und Tröstung" und „Überführung" (1 Kor 14,24). In der Sache geht es also um das, was die Funktion und das Ziel heutiger Gemeindepredigt ist[41]. Paulus gibt der Prophetie gegenüber der Glossolalie den Vorrang, weil eben diese, nicht aber die Praxis des Sprachengebetes, die Ungläubigen und Unkundigen ansprechen und überführen kann, die in die Gemeindeversammlung kommen (vgl. 1 Kor 14,24 f.). Auch das ist ein weiterer Beleg dafür, daß die Prophetie eine Gabe ist, die ihren Raum in der Gemeindeversammlung hat. Die ekklesia und d.h. die Gemeindeversammlung ist also ganz ausdrücklich Horizont der prophetischen Wortverkündigung, die auch von Frauen wahrgenommen wird, ohne daß Paulus sich daran stößt. Wird „prophetisches Reden einer Frau" schon „in der Überlieferung Israels nicht als etwas völlig Außergewöhnliches behandelt"[42] (vgl.

---

41. Vgl. Heiko Krimmer: 1. Korintherbrief, 270 f; 304 f.
42. M. Wacker: Art. Prophetin, in: Das große Bibel-Lexikon, hrsg. von Helmut Burkhardt u.a., Bd. 3, Wuppertal/Gießen, 1989, 1240 - 1241.

2 Mose 15,20; Rich 4,4; 2 Kön 22,14-20; 2 Chr 34,22-28; Neh 6,14; Jes 8,3), so ist sie im Neuen Testament nahezu selbstverständlich.

Es wird zwar nicht im Detail angegeben, wie sich Prophezeien vollzieht. Aber immerhin ist in 1 Kor 14 ein vierfacher Sachverhalt erkennbar, der zu einer näheren Charakterisierung helfen kann:

Vier Kennzeichen von Prophetie

(1) Prophezeien wird dem Reden in Sprachen gegenüber gestellt. Während die Glossolalie „niemand versteht" (14,2), ist das Weissagen ein kommunikativer Vorgang, der sich nicht allein an Gott, sondern auch „an Menschen" richtet. Prophetisches Reden ist also ein *verständliches* Reden.

Verständliche Kommunikation

(2) Das wird unterstrichen durch die Bestimmung, daß Prophezeien geschieht als Auferbauung (oikodome: buchstäblich: zum Bauen, gemeint ist: Gemeindebau), als Ermunterung und als Tröstung. 1 Kor 14,3 geht – nimmt man den Wortlaut ernst – über eine bloß formale Bestimmung des Prophezeiens hinaus. Es wird nicht nur der Zweck angegeben, sondern eine *Wirkung, die zum Wesen des Prophezeiens gehört*. Nur wenn hier ein grundsätzliches Charakteristikum vorliegt, kann Paulus ja die Gültigkeit unterstellen, mit der er prophetisches Reden dem glossolalischen Reden gegenüberstellt.

Auferbauung der Gemeinde als Wirkung

(3) 1 Kor 14,24 f. wird als ein weiteres Kennzeichen prophetischen Redens die Überführung von Außenstehenden genannt. Prophetisches Reden hat also sogar eine *missionarische* Dimension. Durch es wird das Verborgene des Herzens offenbar; der Ungläubige fällt auf sein Angesicht, betet Gott an und verkündigt nun selbst die Anwesenheit Gottes in der ekklesia! Wenn dies ein Kennzeichen des Prophezeiens ist, dann wird schon hier offenbar, was es heißt, daß Frauen in der missionarischen Arbeit des Urchristentums eine wichtige Rolle gespielt haben (vgl. B., 3). Außerdem liegt eine verblüffende Parallele dieser vier Kennzeichen prophetischer Rede zur Kennzeichnung des parakletischen Wirkens nach Joh 14,26; 15,26; u. 16,13 vor.

Missionarisch – überführend

Zusammenfassung

Prophetische Rede *ist* in der Gemeinde geschehendes oder gemeindebauendes oder ermunterndes wie tröstendes und missionarisches Reden. Es ist im gesamten Neuen Testament kein anderes Reden bekannt, das in ähnlich präziser Weise qualifiziert und ausgezeichnet wird. Genau ein solches Reden wird in 1 Kor 11,4 für Frauen unterstellt!

Keine vereinzelten Akte göttlicher Inspiration

(4) Die Selbstverständlichkeit, mit der hier Paulus von diesem Charakteristikum prophetischen Redens sprechen und unterstellen kann, daß seinen Adressaten diese Definition bekannt und richtig erscheint, erlaubt noch eine weitere Näherbestimmung. Ganz offenbar handelt es sich beim Prophezeien nicht um singuläre, herausgehobene Akte einer göttlichen Inspiration. 1 Kor 11,4 unterstellt das Prophezeien der Frau ebenso beiläufig wie 14,3 f.. 1 Kor 14,31 wird sogar damit gerechnet, daß „einer nach dem anderen weissagt", – daß es sich also um ein gängiges, gleich mehrfach im Gottesdienst auftauchendes Ereignis handelt. 1 Kor 14,1 wird sogar ausdrücklich dazu aufgefordert, besonders nach dem Charisma des Prophezeiens zu streben.

Weissagung und Offenbarung

Diese alltägliche, Mann und Frau geschenkte, gottesdienstliche Gabe des Prophezeiens muß unterschieden werden von der singulären Geistbegabung alttestamentlicher Propheten und den ihnen widerfahrenden direkten Inspirationen autoritativer Offenbarung. Letztere wurden bewahrt, gesammelt, weitergegeben und schließlich sogar kanonisiert. Für das Neue Testament ist dagegen ja gerade die allgemeine Ausgießung des Geistes „über alles Fleisch" kennzeichnend. Ausdrücklich hält Petrus in der Pfingstpredigt das Joelwort fest, daß „eure Söhne und Töchter (!) weissagen werden" (Joel 3,1-5; Apg 2,17-21; 2, 18)[43].

---

43. Ein singulärer Offenbarungsempfang nach Art alttestamentlicher Prophetie ist im Neuen Testament eben nicht für das „Prophezeien" als „Massenphänomen" zu unterstellen, sondern nur für ganz wenige und außerordentliche Geschehnisse. Paulus und Petrus, vor allem aber der Seher der Johannes-Apokalypse wissen von solchen, vom Neuen Testament ausdrücklich festgehaltenen und damit ausgezeichneten Widerfahrnissen zu berichten. Nicht umsonst vermerkt Paulus hier das Fachwort „apokalypse" (vgl. 2 Kor 12,6). Petrus (Apg 10,11) und Stephanus (Apg 7,56) sehen „den Himmel geöffnet" („*apokalypse*" als Of-

3. Mitarbeit in der missionarischen Verkündigung

Theologisch ist der Sachverhalt kaum überzubewerten, daß nach dem Johannesevangelium eine Frau die erste Osterzeugin ist. Im Auftrag des auferstandenen Herrn „verkündigt" sie (im Griechischen steht der theologisch gefüllte Fachbegriff euangelizesthai) – den Jüngern (!), daß sie den Herrn gesehen und er zu ihr gesprochen hat (Joh 20,18).

Der erste Osterzeuge: eine Frau

Eine ganze Reihe von Stellen in den Schlußkapiteln der paulinischen Briefe wie in den Darstellungen der Apostelgeschichte lassen im Anschluß daran erkennen, „daß Frauen bei den missionarischen Bemühungen des Paulus eine nicht unerhebliche Rolle gespielt haben"[44].

Euodia und Syntyche haben ebenso mit Paulus zusammen gekämpft in dem Evangelium (vgl. Phil 4,2 f.) wie Priska, die Röm 16,3 und öfter noch vor ihrem Mann als „Mitarbeiter" genannt wird, – ein Fachbegriff der

Die Bedeutung von Frauen für die paulinische Missionstätigkeit

---

fenbarung, Aufdeckung, Eröffnung). Wer sich zu dieser Unterscheidung von autoritativem Offenbarungsempfang und – im Prinzip – allgemeinem Prophezeien als Resultat des allgemeinen Ausgießens des Geistes nicht verstehen kann, wird Mühe haben, die These Rudolf Bultmanns und seiner Schule abzulehnen, die Evangelien beruhten weitgehend auf „Gemeindebildung"; sie seien im wesentlichen urchristlich und enthielten „Prophezeiungen" ordentlicher Propheten, die über die Evangeliensammlungen kanonisiert worden seien (vgl. R. Bultmann: Die Geschichte der synoptischen Tradition, Göttingen, 8. Aufl. 1970, 132-138, bs. 135: „Einen Unterschied zwischen ... Worten christlicher Propheten und den überlieferten Jesus-Worten empfand die Gemeinde nicht ..."; dazu Gerhard Dautzenberg: Urchristliche Prophetie. Ihre Erforschung, ihre Bedeutung im Judentum und ihre Struktur im ersten Korintherbrief, Stuttgart 1975 (BWANT; Bd. 104)).
Wer unter Berufung auf 1 Kor 13,9 die Auffassung vertritt, das Prophezeien habe aufgehört (und das heißt: es gebe heute eben keine Verkündigungsmöglichkeiten für die Frau!), möge sich vorsehen, daß seine Erkenntnis nicht ebenfalls unter die „Erkenntnis" fällt, die eben dort im selben Atemzug genannt wird und ebenfalls aufhören soll bzw. dann ebenfalls aufgehört hat. Abgesehen von diesem Selbstwiderspruch ist darauf hinzuweisen, daß 1 Kor 13,8 ff. den Unterschied zwischen Eschaton und unserer Zeit zwischen den Zeiten thematisiert. Am Ende, so verheißt es schon das Alte Testament (Jer 31,34), wenn die unmittelbare Gemeinschaft mit Gott Wirklichkeit geworden ist und wir Gott von Angesicht zu Angesicht sehen dürfen, ist weder die Gabe der Prophetie, noch die Gabe der Glossolalie und auch keine Lehrerkenntnis mehr nötig. All das, was uns jetzt noch durch diese Geistesgaben geschenkt und an Gotteserkenntnis eröffnet werden könnte und werden muß, ist dort doch eingeholt, ja überholt und völlig nutzlos, weil überflüssig geworden.
44. I. Howard Marshall: Die Rolle der Frau in der Gemeinde, in: Gleichwertig oder gleichberechtigt. Die Rolle der Frau, hrsg. von Sherley Lees, Marburg/L. 1984, (178-198) 186. Vgl. dazu: E. Lohfink: Wie hat Jesus Gemeinde gewollt?, 113 ff.

Missionsarbeit, der z.B. auch auf Timotheus Anwendung findet (2 Kor 8,23). Neben der Maria von Röm 16,6 sind es vor allem Tryphäna und Tryphosia, die im Herrn arbeiten, also einen missionarischen Dienst ausüben, ebenso wie „Persis, die geliebte, die viel gearbeitet hat im Herrn" (Röm 16,12). Auch für die Tätigkeit dieser Frauen „sind paulinische termini technici (Fachbegriffe) für schwere Missionsarbeit" gebraucht[45]. Ganz selbstverständlich standen im Urchristentum Frauen im Dienst der missionarischen Wortverkündigung. Diese missionarische Arbeit kann auch die Unterweisung eines Mannes durch eine Frau miteinschließen (vgl. Apg 18,26).

Schließlich ist der missionarische Verkündigungsdienst mindestens einmal von „Diakonen" bezeugt, zu denen nach Röm 16, 1 auch Phöbe, die eine „Diakonin der Gemeinde von Kenchreä" ist, gehörte.

4. Lehre und Lehren

Eine notwendige, aber schwierige Unterscheidung

Ebenso eindeutig wie die Selbstverständlichkeit, mit der die Frau an missionarischer Verkündigung und prophetischer Rede beteiligt ist, ist das autoritative Votum des Paulus: Ich gestatte aber einer Frau nicht zu *lehren*. So eindeutig der Sachverhalt und die Trennung von prophetischer, missionarischer Rede auf der einen Seite und Lehre auf der anderen Seite auf den ersten Blick zu sein scheint, so schwierig wird eine solche Unterscheidung, wenn man näher hinschaut.

Propheten und Lehrer

(a) Schon der alttestamentliche Prophet ist ja der Sache nach immer wieder auch Lehrer (vgl. Jes 28,4; 1 Petr 1,10 f). Besonders deutlich wird das an den Personen Mose und Jesus, die beide jeweils die hervorragenden Propheten und Lehrer des Alten bzw. Neuen Testamentes sind[46].

(b) Das Lehrverbot für die Frau gilt auch im Neuen Te-

---

45. Lohfink, ebd., 115
46. Vgl. dazu Rainer Riesner: Jesus als Lehrer. Eine Untersuchung zum Ursprung der Evangelien-Überlieferung, Tübingen 1981 (WUNT; Reihe 2;7) § 10-12.

stament nicht absolut. So wird ja in Titus 2,3 f. ein Lehren von Frauen vor Frauen unbeanstandet vorausgesetzt. Kol 3,16 fordert die Gemeindeglieder auf, einander zu lehren, und auch Hebr 5,12 spricht nicht geschlechtsspezifizierend von dem Sachverhalt, daß die Gemeindeglieder eigentlich schon im Stande sein müßten, selber andere zu lehren.

„Lehrende" Frauen im Neuen Testament

Man kommt in dieser schwierigen Frage weiter und man wird diesem differenzierten neutestamentlichen Befund nur gerecht, wenn man unterscheidet zwischen Lehren in einem weniger autoritativen Sinn, verstanden als Unterweisung, die im Raum der Gemeinde gang und gäbe ist, und der Lehre als Vollzug und Wahrnehmung des Lehramtes. Der neutestamentliche Sprachgebrauch hat eine gewisse Bandbreite, die von uns wahrgenommen und entsprechend gelesen werden muß. Es ist nicht an allen Stellen mit demselben Wort dasselbe gemeint.

Lehren als Unterweisung und Lehre als Vollzug eines Lehramtes

Zur Unterscheidung von Lehre als Unterweisung und Lehre als autoritativem Akt kann wieder das Kriterium helfen, wann die Kephale-Struktur tangiert bzw. verletzt wird und umgekehrt, wo sie beachtet und respektiert wird.

Entscheidende Hilfe: die kephale-Struktur

Von diesen Unterscheidungen her erschließt sich der neutestamentliche Befund. Lehre als autoritative Traditionsweitergabe in autorisierten Positionen ist allein den Brüdern vorbehalten. Da diese autoritative Lehre eine Entscheidung darstellt, die in neuer Weise bindet, eben auch Männer bindet, würde die Ausübung dieses Lehramtes durch eine Frau der kephale-Struktur widerstreiten. Diese Traditionsweitergabe vollzieht sich von Mose über die Propheten bis hin zu Jesus als Lehrer, der seine Jünger schon vorösterlich mit Lehre beauftragt. Es ist bezeichnend, daß wir zwar im Umfeld von Jesus von vielen Frauen wissen, die ihm nahestanden und geholfen haben, die also zu seinem Freundes- und Trägerkreis gehörten, bezeichnenderweise nicht aber zu seinem Jüngerkreis (vgl. Lk 8,3; 10,38-43; Mk 5,41; Mk 16,1-8). Das Urchristentum hat sich bei der Wertschätzung der

Autoritative Lehrweitergabe allein den Brüdern vorbehalten

Die Vorgabe Jesu

unterschiedlichen Dienste der Frau im Hinblick auf die Apostel der Urgemeinde an diese Vorgabe Jesu gehalten. Grund dürfte ebenfalls die Dimension der autoritativen Lehrtradition gewesen sein, die den „Säulen" in Jerusalem oblag.

Die Urgemeinde

Daß der Apostel Paulus *nicht* nach Jerusalem hinaufging (Gal 1,17), um sich durch die Autoritäten in die Lehre einweisen zu lassen, ist nicht als Widerspruch zu sehen, sondern hat seinen Grund allein in der Überbietung bloß menschlich-apostolischer Traditionsweitergabe durch die Offenbarung des Kyrios (= erhöhten Herrn), der Paulus das Evangelium höchstpersönlich anvertraute (Gal 1,11 f.; 1 Tim 1,11). Paulus gibt dieses Evangelium als zum Teil geformtes Traditionsgut und als verbindliche Grundorientierung an die Gemeinden (vgl. z.B. 1 Kor 11,23 ff.; 15,2 ff.) und an von ihm autorisierte Mitarbeiter wie etwa Timotheus weiter, der sie selber „treuen Menschen anvertrauen" soll, die dann – so die Traditionskette weiter – „tüchtig sein werden, auch andere zu lehren" (2 Tim 2,2).

Traditionskette

Die Gemeinde in besonderer Herausforderung

Vor allem die Pastoralbriefe zeigen, daß mit der Bewahrung dieser Lehre und ihrer autoritativen Anwendung bzw. Fortschreibung auf die jeweilige und in die jeweilige neue Situation hinein die Existenz der Gemeinde steht und fällt (vgl. 1 Tim 4,15 u. 1 Tim 6, 3 ff., 13 ff.).

Lehren als Unterweisen

Von dieser autoritativen, an ein Amt (vgl. Eph 4,11; 1 Kor 12,28) oder an eine Beauftragung gebundenen Ausübung der Lehre ist ein weniger scharf umschriebener Gebrauch des Wortes „lehren" im Sinne einer Unterweisung zu unterscheiden. Diese steht der Frau offen (vgl. Tit 2,3 f.).

Der entscheidende Maßstab

Kriterium ist hier wie überall und grundsätzlich der Freiraum, den die die Schöpfungsordnung bestimmende kephale-Struktur stiftet und den die Gemeinde nur zum Schaden ihrer selbst verlassen kann.

C. Für die Leitungsaufgabe

Schon im Neuen Testament ist eine gewisse Variabilität in den Formen der Gemeindeleitung wahrzunehmen. Auch und gerade da, wo die Gemeinde in neuen Kontexten steht, wo grundsätzliche Entscheidungen zu fällen sind oder wo sich für eine bestehende Gemeinde neue Herausforderungen ergeben, die Weichenstellungen für die weitere Existenz der Gemeinde bedeuten, wird Gemeindeleitung ganz ausgesprochen das Amt der Lehre beinhalten. Wenn freilich schon 1 Tim 5,17 im Hinblick auf die Zusammensetzung der Ältesten unterscheidet zwischen solchen, die in Wort und Lehre arbeiten, und anderen, bei denen das nicht der Fall ist, dann ist hier wiederum an den Freiraum zu erinnern, den die apostolische Erinnerung an die kephale-Struktur eröffnet: Einerseits haben Frauen im Urchristentum eine zum Teil überragende Rolle für ihre Gemeinden und in ihren Gemeinden gespielt (vgl. die mancherlei Erwähnung von führenden Mitarbeiterinnen in Röm 16 oder auch die Schilderung der Gemeinde, die sich im Haus der Purpurkrämerin Lydia trifft, Apg 16,11 f.), andererseits sieht Paulus die Schranke grundsätzlich dort, wo Frauen durch ihr Amt einen Mann beherrschen, dominieren, charakterisieren und damit dem Willen Gottes für das Verhältnis von Mann und Frau widersprechen würden. Einerseits kann Paulus die Phöbe Röm 16,1 als prostatees empfehlen, also als Vorsteherin, die eine weibliche Entsprechung zum lateinischen Patron darstellt. Andererseits wird der Frau Lehre als gemeindeleitende Tätigkeit ausdrücklich untersagt.

Gemeindeleitung und Lehre

Phöbe als Vorsteherin

D. Für die unverheirateten Frauen

Wenn Eph 5,21 ff. fordert, daß die Frau sich ihrem *eigenen* Mann unterordnen solle, dann ist hier zwar die christliche Ehe im Blick; aber die hier und 1 Kor 11,3 ff. deutliche kephale-Struktur hat doch eine grundsätzliche, über

„Haupt"-Struktur auch für die Unverheiratete, aber nicht gegenüber jedem Mann

die Ehe hinausreichende Bedeutung[47]. Man darf nicht übersehen, „daß jene Kephale-Struktur zwar in der Ehe ihre konkrete, gefüllte Verwirklichung findet, daß aber Mann und Frau in ihrem Mannsein und Frausein eben auf diese Verwirklichung hin und damit auch von dieser Verwirklichung her in jedem Falle, auch im Falle der tatsächlichen und bleibenden Ehelosigkeit, bestimmt sind. Das Mannsein und Frausein steht auch bei Unverheirateten unter der wirkenden Macht jener von Gott mit dem kreatürlichen Sein des Menschen unmittelbar gesetzten und der persönlichen Existenz je vorgegebenen Grundordnung"[48]. Genauso, wie die Frau durch ihr Unverheiratetsein nicht der kephale-Struktur grundsätzlich enthoben ist, genauso gilt andererseits, daß sie als unverheiratete Frau nun nicht jedem Mann gegenüber in dieser kephale-Struktur steht.

Ein „Haupt" haben – der Selbstbehauptung enthoben sein

Entscheidend ist nämlich, daß die Frau als Frau, unabhängig davon, ob sie verheiratet ist oder nicht, in dieser schon durch die Schöpfung gestifteten (vgl. II., C., 1-3) Grundordnung und d.h. vor allem auch Grund*versorgung* steht. Auch und gerade dort, wo die Frau das für sie spezifische Menschsein unter erschwerten Bedingungen lebt, weil sie nicht im Verhältnis zu einem konkreten Mann ihre körperliche und sinnliche Erfüllung findet, bleibt als entscheidende Frage: Wer liebt die unverheiratete Frau in der Gemeinde wie und als seinen eigenen Leib? (vgl. Eph 5, 26.28). Nicht wem *muß,* sondern evangeliumsgemäß formuliert: Wem *darf* die unverheiratete Frau untertan sein? Gerade sie hat doch ein solches Haupt, das sie als Frau der Selbstbehauptung entledigt, besonders nötig[49].

---

47. Für diese Frage ist zu beachten, daß die kephale-Struktur einschließlich des dem Haupt-Sein entsprechenden Untertan-Seins nicht isoliert gesehen werden darf, sondern nur richtig verstanden wird, wenn sie als Teil einer Wirklichkeit begriffen wird, die durch verschiedene Ordnungen (tagmata) gekennzeichnet ist. Das macht der neutestamentliche Sprachgebrauch von hypotassesthai ktl. sehr schön deutlich. Vgl. dazu Roland Werkmeier: Loyalität als Gegenstand paulinischer Paraklese. Eine religionsgeschichtliche Untersuchung zu Röm 13,1 ff. und Jos. B. J. 2,140, in: Theokratia I, Jahrbuch des Institutum Judaicum Delitzschianum, Leyden, 1970, 51-63.
48. Peter Brunner: Das Hirtenamt und die Frau, 334.
49. Diese Frage wird *gerade dann besonders*

E. Empfehlungen

1. Freiheit in der Bindung an Christus

Einerseits kann man das Bedürfnis vieler hauptamtlich tätiger Frauen verstehen, die sich hier nun möglichst detaillierte Regelungen wünschen, die buchstäblich festlegen, „was eine Schwester darf und was nicht". Es hat so viele Verunsicherungen und Auseinandersetzungen an dieser Stelle gegeben, daß das Bedürfnis nach Sicherheit, d.h. nach einer möglichst bis ins einzelne hineinreichenden Regelung hier mehr als verständlich ist. Nur auf diese Weise, so meinen jedenfalls viele, lassen sich ja in Zukunft schmerzliche Auseinandersetzungen und Reibungsverluste vermeiden. Anderseits ist dieser verständliche Wunsch aus mehreren Gründen nicht unproblematisch: (1) Es hat ja seinen guten Grund, daß uns das Neue Testament nicht eine detaillierte Regelung für unsere spezielle Situation vorgibt; daß wir vielmehr einen Rahmen erkennen, der einen weiten Spielraum eröffnet, den wir als Gestaltungsraum wahrzunehmen haben. Gefragt ist also nicht der Buchstabe; gefragt ist die Verantwortung, in der mündige Christen Gottes Vorgaben für die Ordnungen der Gemeinde wie für das Verhältnis der Geschlechter in Freiheit umsetzen. Um es biblisch zu sagen: „Für die Freiheit hat Christus uns freigemacht. Steht nun fest und laßt euch nicht wieder

Bedürfnis nach verläßlichen Regelungen

Das Neue Testament eröffnet einen Spielraum

---

wichtig, wenn 1 Kor 14,34 gilt: „Die unverheiratete Frau und die Jungfrau ist für die Sache des Herrn besorgt."
Die Frage nach der kephale (dem Haupt) für die unverheiratete Frau ist schwer zu beantworten. Einerseits ist aus dem Gesamtzusammenhang und dem Argumentationsgang in Eph 5,21 ff. heraus klar, daß hier die verheiratete Frau im Blick ist. Anderseits ist zu bedenken, daß (a) 1 Kor 11,2-16 sehr allgemein vom Verhalten der Frauen im Gottesdienst spricht und es keinen Sinn machte, die Bedeckung des Hauptes (als Zeichen der Unterschiedlichkeit der Geschlechter wie als Zeichen der Gültigkeit und Anerkennung der kephale-Struktur) in diesem Kapitel nur auf die verheirateten Frauen zu beschränken. Offenbar ist Ausgangspunkt der Erörterungen des Paulus in 11,2 f. ja eine ganz grundsätzliche Ordnung. Ebenso gilt (b) 1 Tim 2,12 das Verbot zu lehren und zu herrschen doch wohl nicht nur für die verheiratete, sondern für jede Frau. Wiederum wird ein Verhalten abgewehrt, das eine übergeordnete, grundsätzliche Struktur zerstören bzw. verletzen könnte.
Als Ergebnis läßt sich zumindest soviel sagen, daß (1) nicht gilt, daß jede unverheiratete Frau jeden Mann in der Gemeinde als Haupt anerkennen müßte (dem widerspricht die konkrete Zuordnung von Mann und Frau in Eph 5),

durch ein Joch der Sklaverei belasten" (Gal 5,1). „Freiheit" meint nicht Beliebigkeit. „Freiheit" meint in dieser wie in allen anderen ethischen Fragen die eigenverantwortliche, individuelle Gestaltung des Lebens und meiner Beziehungen auf der Basis der heilsamen Vorgaben, wie wir sie in Gottes Grundordnungen vor uns haben.

Freiheit in der Bindung an Christus

Nur eine solche in der Bindung an Christus und seinen Willen verankerte Freiheit erlaubt die Flexibilität, die nötig ist, um sich auf die sehr unterschiedlichen Verhältnisse „vor Ort" einzustellen. Um diese Freiheit zu haben, bedarf es einer starken Stellung, eines starken Standpunktes. Damit ist nicht Selbstbewußtsein oder gar Dickköpfigkeit, nicht Sturheit gemeint, sondern genau diese Bindung an Christus, die allein in der rechten Weise stark macht. Diese Freiheit in der Bindung an Christus sollen wir aus der lebendigen Beziehung zu ihm heraus gestalten.

Der Buchstabe allein tötet

Neben diese im guten und ursprünglichen Sinne „evangelische Freiheit" tritt (2) die andere Überlegung, daß jede zu detaillierte Regelung nicht nur dem Grundsatz evangelischer Ethik widerspricht, sondern auch die Sicherheit und den Frieden nicht zu gewährleisten vermag, den sie leisten soll. Regelungen helfen nur dann, wenn sie verantwortlich gesehen und gelebt werden. Auch hier gilt: Der Buchstabe tötet (2 Kor 3,5). Da, wo wir nicht gemeinsam demütig vor Christus stehen und miteinander eins sind, seinen Willen zu tun, da werden uns auch Buchstaben nicht weiterhelfen.

Schließlich gilt (3), je detaillierter die Vorschriften für den Dienst der Frau ausfallen, um so mehr können

---

daß (2) umgekehrt eine Frau dieser grundlegenden Schöpfungs-, Erhaltungs- und Versöhnungsordnung auch dann nicht enthoben und entnommen ist, wenn sie unverheiratet ist. Konkret gilt es darum, (3) die beiden Aspekte der kephale-Struktur im Sinne einer verbindlichen Zuordnung einerseits und im Sinne einer „Haupt"-*Fürsorge* andererseits im Raum und Rahmen der jeweiligen Verhältnisse konkret Gestalt zu geben. Während der erste Aspekt durch die Weisungsgebundenheit gegenüber Leitungsorganen in der Regel abgedeckt ist, ergibt sich wahrscheinlich eher im Hinblick auf den zweiten Aspekt immer wieder ein Defizit, dem es abzuhelfen gilt.

sie wiederum zu einem Instrument werden, diese in einer Weise einzuschränken, der dem Willen Gottes widerspricht.

Aus diesem Grund sind die folgenden Überlegungen nur „Empfehlungen": Vielmehr als ein „An-Denken" der möglichen Konkretionen der vorangegangenen grundsätzlichen Überlegungen können diese Empfehlungen nicht sein.

Eine erste Empfehlung geht darum an dieser Stelle dahin, die von Christus gewollte Freiheit in der Bindung an ihn, in der Demut vor Gott und in Verantwortung gegeneinander zu leben. Wo es zu nicht auszuschließenden Konfliktfällen kommt, muß die Gemeinderegel greifen (Mt 18, 15 ff.). Zum Leben aus der Freiheit in der Bindung an Christus gehört eine Bereitschaft, um den Willen Gottes: die richtige Theorie wie die rechte Praxis, auch Konflikte auszutragen, und d.h. bereit zu sein zur Selbst-Korrektur wie auch zur Korrektur anderer.

Bereitschaft zum Ringen um den Willen Gottes

Nicht durch stilles Dulden von gemeindlichen Zuständen, die dem Willen Gottes nicht entsprechen, sondern allein durch die gemeinsame Gestaltung und Verwirklichung der Herrschaft Gottes in unserem individuellen Leben wie kollektiven Zusammenleben werden wir dem Willen Gottes für seine Gemeinde gerecht.

Es gibt kein beredteres Zeugnis dafür als das Ringen des Paulus um die Gestalt und den Weg der von ihm gegründeten Gemeinden.

Es versteht sich fast von selbst, soll hier aber noch einmal ausdrücklich betont werden, daß diese neue Verständigung über den Dienst der Frau nicht Anlaß zu neuem, nun entgegengesetztem Druck sein kann oder darf. Wenn eine Gemeinschaftsschwester oder -diakonin kein inneres Ja zum Verkündigungsdienst der Frau findet, soll sie nicht dazu gezwungen werden, – so sehr wir uns diesen Dienst im Rahmen der neutestamentlichen Vorgaben vorstellen können und wünschen.

2. Neubesinnung auf Gottes guten Willen für Mann und Frau

Neuorientierung

Sinnvoll und notwendig ist eine neue, am Wort der Heiligen Schrift orientierte Beschäftigung mit dem biblischen Zeugnis über das Verhältnis von Mann und Frau, das Gottes Willen gemäß ist.

Eine solche Neuorientierung steht unter der Verheißung von Umkehr und Umgestaltung der Lebensverhältnisse, die die christliche Familie wie Gemeinde vor allem anderen bestimmen und die mehr als alles andere gelebtes Zeugnis für die heilsame Herrschaft Jesu Christi in unserem Alltagsleben sind.

Umfassender fragen

Wir sollten die intensive Beschäftigung mit der Frage nach dem Verkündigungsdienst und anderweitiger Mitwirkung vor allem der unverheirateten und hauptamtlichen Frauen in unseren Kreisen als Chance nutzen, grundsätzlich über das Verhältnis von Mann und Frau nachzudenken:

Mann und Frau in der Ehe

- Was heißt Mann-Sein nach der Heiligen Schrift? Was heißt es, eine Frau zu sein nach der Heiligen Schrift?
- Wie gestaltet sich das Verhältnis der Geschlechter in der Ehe und vor der Ehe und – oft vernachlässigt – außer der Ehe? Wie gehen wir als Mann und Frau im Geist Jesu Christi miteinander vorbildlich um? Wieviele geistlich eingestellte Frauen, die Eph 5,21 ff. und 1 Kor 11,3-16 ernstnehmen (wollen), fragen danach, was diese biblischen Zusammenhänge denn für ihr Ehe- und Familienleben für Konsequenzen und konkrete Auswirkungen hat und inwiefern ihr Mann denn schon „Haupt" ist? Wieviele Ehefrauen wünschen sich einen „Mann", keinen „Macho", aber einen Mann, der seine priesterliche Verantwortung als kephale ernst- und wahrnimmt? – Freilich, wieviel Information und Orientierung, wieviel Vergewisserung und seelsorgerliche Hilfestellung tut hier not? Wie schwierig ist es, hier einen Weg zu gehen jenseits einer evangeliumswidrigen Enge und Gesetzlichkeit einerseits und einer postmodernen Beliebigkeit

Mann-Sein nach Gottes Willen: nicht Macho - nicht Softie

andererseits, die nicht Freiheit ist, sondern Desorientierung und Ängste hervorzurufen vermag.

Vor der Ehe

Wieviele junge Männer wünschen sich eine Freundin, die ihnen durch ihr Verhalten hilft, unberührt in die Ehe zu gehen? Wieviele junge Frauen wünschen sich junge Männer, die ihrerseits bereit sind, Gottes gute und hilfreiche Weisungen zu praktizieren und die Integrität der Freundin und Verlobten zu respektieren?

Familie

Was hat das alles dann für Konsequenzen bis in den Bereich der Erziehung und der Berufstätigkeit hinein? Wie leben Christen Familie? und auch: Wie leben Christen ihr Single-Dasein?

Profilierte Lebensgestaltung mit missionarischer Wirkung

Nicht neue Gesetze, Normen brauchen wir, die uns einengen, sondern neue Lebensgestaltungen, die uns zum Leben helfen, weil sie auf Gottes Willen ausgerichtet sind. Angesichts einer postmodernen anything goes und einer im gesamten Raum der EKD aufbrechenden Diskussion um die Gleichwertigkeit aller möglichen „Lebensformen" sind wir hier herausgefordert, (a) den biblischen Befund reflektiert und differenziert zu erheben, (b) ihn – auch argumentativ – zu bezeugen im Kontext einer Gesellschaft, die der Verbindlichkeit der Weisungen Gottes weithin schon den Abschied gegeben hat, und (c) auch praxisorientierte Hilfen zum Leben und zum Umsetzen der Wegweisungen des Schöpfers und Erhalters der Welt in dieser neuen gesellschaftlichen und geistigen Lage zu erarbeiten.

Offensiv werden

Warum also nicht in den nächsten Jahren eine Offensive an dieser Front, ein bewußter Schwerpunkt für Bibelwochen, Gemeindeveranstaltungen und Vorträgen zu diesem Thema? Zum Erfolg wird eine solche Offensive dann führen, wenn sie die biblischen Vorgaben als Verheißung genauso ernst nimmt wie die Fragen, Nöte und Probleme, die es doch nicht nur in der Gesellschaft um uns herum, sondern auch in unseren Kreisen in Fragen der Ethik der Geschlechter gibt. Natürlich ist damit zu rechnen, ja davon auszugehen, daß unsere Rückbindung

Mit Protest ist zu rechnen

Gelassenheit

an die biblische Sicht von Mann und Frau von unseren Zeitgenossen nicht verstanden, geschweige denn akzeptiert wird, – vielmehr auf teilweise wütenden Protest treffen wird. Aber wir dürfen gelassen darauf warten und damit rechnen, daß im Laufe der Zeit offenbar werden wird: die Orientierung am Willen Gottes und der biblisch bezeugten Polarität der Geschlechter dient auch und vor allem der Entfaltung der Frau.

3. Wortverkündigung der Frau

Einheit tut not

Sinnvoll und angeraten ist eine *alle* Verbände und die ihnen angeschlossenen Gemeinschaften *verpflichtende* Verständigung über den legitimen Verkündigungsdienst der Frau.

Um Verunsicherungen der Gemeinschaften, Gemeinschaftsschwestern und Gemeindediakoninnen zu beseitigen bzw. solchen vorzubeugen, empfehlen wir die Verständigung auf eine einheitliche, damit verläßliche, überall geltende Regelung, auf die sich alle einstellen können.

Diese Verständigung wird sich sowohl an dem orientieren, was das Neue Testament definitiv und klar sagt, aber auch den Sachverhalt nicht außer acht lassen können, daß es zu manchen Fragen beredt schweigt. Das schließt einen Spielraum ein, den die Gemeinden vor Ort konkret ausfüllen können und müssen.

Grundsätzlich können vielleicht folgende zusammenfassende Überlegungen zu einer von allen Gemeinschaften anerkannten Regelung helfen:

Gottgewollte Bedeutungsbandbreite

(1) Exegetisch eindeutig ist zunächst, daß wir nicht genau definieren können, was Lehre(n) ist, ob und wo sich Lehre(n) ggf. sogar mit Prophezeien überschneidet. Diese Unsicherheit hat ihren Grund im Neuen Testament selbst, das eine bestimmte Bedeutungsbandbreite erkennen läßt und zuläßt. Offenbar hatte das Urchristentum kein Interesse an einer weitergehenden Einengung und Bestimmung der Begriffe bzw. Wortfelder.

(2) Exegetisch eindeutig ist weiter, daß einerseits *prophetisches* Reden von Frauen im Gottesdienst von Paulus als selbstverständlich und unproblematisch vorausgesetzt wird; daß Paulus andererseits unter Berufung auf die Autorität des Wortes Gottes einer Frau die ausgesprochene, autoritative *Lehre* untersagt.

Prophetisches Reden – Ja, Lehren – Nein

(3) Klar ist exegetisch schließlich, daß Paulus die sich in Schöpfungs-, Erhaltungs- und Versöhnungsordnung durchhaltende kephale-Struktur *zum zentralen Kriterium und Ausgangspunkt seiner Aussagen* über das Verhältnis der Geschlechter wie den Dienst der Frau in der Gemeinde macht.

Entscheidendes Kriterium

(4) Wir haben aber mit der selbstverständlichen Anerkennung auch weiblicher Prophetie einerseits und dem Verdikt über die allein dem Mann vorbehaltene autoritative Lehrausübung andererseits zwei klare Grenzmarkierungen für ein dem neutestamentlichen Zeugnis entsprechendes Gemeindeleben vor Augen. Diese Eckpunkte eröffnen einen Spielraum für mögliche Gestaltungen, die sich (a) zwischen diesen klar erkennbaren neutestamentlichen Orientierungs-„Pfosten" bewegen und dabei (b) das Basiskriterium berücksichtigen, das offenbar schon für Paulus leitend war: Maßstab für die konkrete Ausgestaltung des Verkündigungsdienstes der Frau zwischen Prophetie und Lehre ist die „Haupt"-Struktur, der ein solcher Dienst entsprechen und der er nur zum eigenen Schaden wie dem der Gemeinde widersprechen kann.

Leitplanken und Spielraum

Wie in urchristlicher Zeit einerseits in manchen Situationen die Lehre die beherrschende Verkündigungsform gewesen ist (vgl. vor allem die Briefe an Timotheus und Titus), wie das Neue Testament andererseits nicht nur das didaskein (Lehren), sondern mindestens neun weitere Worte für unterschiedliche Gestalten der Wortverkündigung in den verschiedensten Situationen kennt, in die auch die Frau als Mitarbeiterin und Mitstreiterin für das Evangelium oder aber als Diakonin miteinbezogen war, so stehen auch wir heute einerseits vor ei-

Vielfalt möglicher Verkündigungssituationen

ner Vielfalt möglicher Verkündigungssituationen, andererseits aber auch vor zugespitzten geistlichen Herausforderungen, die eine klare Stellungnahme erfordern.

(5) Wir entsprechen der Vielfalt wie der Eindeutigkeit neutestamentlichen Zeugnisses,

Die „Haupt"-Struktur einschärfen

(5.1) wenn wir die Verantwortlichen in den Gemeinschaften darum bitten, das zentrale Kriterium der Haupt-Struktur in unseren Gemeinden neu oder auch erstmalig zu Bewußtsein und zur Geltung zu bringen,

Selbst-Prüfung der Mitarbeiterinnen

(5.2) wenn wir die Frauen im Haupt-, Neben- und Ehrenamt darum bitten, ihren Dienst anhand dieses Kriteriums in Verantwortung vor Gott selbst zu gestalten und immer wieder selbstkritisch zu überprüfen, ob die Praxis ihres Dienstes (und ihre innere Einstellung) dem von Gott gewollten Verhältnis der Geschlechter entspricht,

(5.3) wenn wir schließlich die Leitungsgremien der Verbände bitten, aus Kriterium und Begrenzung, wie sie im Neuen Testament gleichermaßen deutlich sind, entsprechende Konsequenzen für die Gestaltung des Gemeindebaus zu ziehen[50].

Autoritative Lehrverkündigung

(5.3.1) Zum einen muß es ein Leitungsteam geben, zu dessen Aufgaben der regelmäßige, ausdrückliche Vollzug von autoritativem, normgebendem und normative Bedeutung beanspruchendem Verkündigungsdienst gehört. Auch wenn wir im Neuen Testament Leitungs- und Ältestenämter finden, die nicht mit der Wortverkündigung verbunden sind (vgl. 1 Tim 5,17), so bewahren, bewachen und tradieren die Personen, die dieses mit der Lehrverkündigung verbundene Amt wahrnehmen, das gute Bekenntnis bis zur Erscheinung unseres Herrn Jesus Christus (1 Tim 6,12-14)[51].

---

50. Vgl. den bereits vom LGV gefaßten Beschluß über eine entsprechende Satzungsänderung, den Alfred Gajan beschreibt in: Durchblick und Dienst, 28 Jhg. (1996), 118.

51. In 1 Tim 3,1-13 und auch Phil 1,1 ist eine Unterscheidung zwischen Ältesten/Vorstehern einerseits und Diakonen andererseits wahrnehmbar. Während sich am Diakonendienst auch Frauen beteiligen, setzt das Neue Testament voraus, daß das Ältesten- und Vorsteheramt nur von Männern wahrgenommen wird. Ein interessantes, m. E. bezeichnendes

Die Wahrnehmung eines solchen ausgesprochenen Lehramtes durch eine Frau verstieße gegen die *Haupt-Struktur*,

Verstöße gegen die Haupt-Struktur

- da dieses Amt nach Maßgabe biblischer Lehrtradition nur als autoritative Lehr-Weitergabe denkbar ist,
- da die verbindende und womöglich ausgrenzende Kraft des Vollzuges einer solchen Lehre eine Stellung gegenüber den „Belehrten" beinhaltet, die eine „Lehrer*in*" in einen Gegensatz zur Hauptstruktur setzen würde.

Außer dieser ausgesprochenen Lehrverkündigung, die ja auch in der gottesdienstlichen Wortverkündigung nur partiell wahrgenommen wird, sollte es andere Formen der Wortverkündigung geben, denen Männer und Frauen nachgehen.

(5.3.2) Darum benötigen wir ein drittes: ein Parakletenamt[52], das autorisiert ist zu parakletischem Dienst, d.h.

Die Notwendigkeit eines dritten Amtes

Detail finden wir in 1 Tim 3,2: Bei allen Anforderungen an „Vorsteher" und „Diakone" wird doch allein vom Vorsteher ausdrücklich die „Lehrfähigkeit" verlangt. Auch hier legt sich als praktische Konsequenz die strukturelle Unterscheidung zwischen einerseits dem *Mitarbeiterkreis* eines Verbandes/Bezirkes/ einer Gemeinschaft nahe, der sich aus Ältesten, Diakonen (beiderlei Geschlechts) und anderen Mitarbeitern zusammensetzt, organisatorische und andere, das alltägliche Leben der Gemeinde betreffende Fragen berät und ggf. auch über sie entscheidet, und andererseits dem *Ältestenkreis* eines Verbandes (Bezirks?, einer Gemeinschaft?), der für alle grundsätzlichen theologischen Fragen verantwortlich ist. Daß der Dienst der Frau in der Gemeinde im Hinblick auf die Verkündigung durch das ausgesprochene Lehrverbot eingeschränkt wird, bedeutet sicherlich für unser heutiges Denken einen Anstoß. Wo die Gleichheit von Mann und Frau abstrakt gefaßt und Gleichwertigkeit mit Gleichartigkeit verwechselt wird, kann man wohl kaum anders urteilen. Wo man sich jedoch von einem solchen Denken frei macht und umgekehrt sieht, welche „Nachteile" der Hälfte der Mitarbeiter im Reich Gottes daraus entstehen, daß sie nie erleben kann, was es heißt, ein Kind im eigenen Bauch zu tragen und zu fühlen, ein Kind zur Welt zu bringen und dann auch noch selber zu ernähren, – da relativiert sich diese „Benachteiligung" der Frau ganz entscheidend. Da wird vielmehr deutlich, daß alle biblischen Aussagen über Mann und Frau und ihre Funktionen nur vom Menschsein des Menschen als Mann und Frau her richtig verstanden werden können. Nur im Rahmen der gottgewollten Polarität der Geschlechter erschließt sich der mit ihr geschenkte Reichtum.

52. Notwendig wäre grundsätzlich ein Nachdenken über ein neues, drittes Amt neben dem Predigeramt für den Mann und dem katechetischen bzw. diakonischen Amt, das Frauen und Männern offensteht. Klar ist, daß die kephale-Struktur die *Ordination* von Frauen zu Predigerinnen verbietet. Wir tun gut daran, hier einer im besten Sinne weltweiten „Ökumene" der Christenheit zu folgen, die sich – von wenigen Ausnahmen abgesehen – unter Berufung auf eine biblisch erkennbare Grundstruktur im consensus magnus (in

- zu Gemeinde bauendem, ermunterndem und ermahnendem Tun und Reden nach 1 Kor 14,3,
- zu missionarischem Zeugnis entsprechend 1 Kor 14,24; Röm 16,3.12 und Phil 4,2-3,
- zu seelsorgerlicher Praxis.

Parakletenamt

Ermahnen, erbauen und trösten sind Tätigkeiten, die – ohne mit 1 Tim 2,12 in Konflikt zu geraten – von Frauen ausgeübt werden können. Um diese Tätigkeiten auch strukturell zu verankern, sollte ein weiteres Amt neben Predigeramt einerseits und Diakonenamt andererseits geschaffen werden; die Bezeichnung „Parakletenamt" ist vorläufig und ersetzbar. Es geht um Aufgaben im Rahmen von Gemeindegründung und Gemeindebau, die nicht nur Seelsorge und Diakonie, sondern auch Verkündigung beinhalten, jedoch nicht Gemeindeleitung durch das Wort.

Autoritative Lehr- und praktische Wortverkündigung

Ein solches Amt ist nicht ausgerichtet auf autoritative Lehre (im Sinne von 5.3.1) und Leitung der Gemeinde, beinhaltet dafür die zur autoritativen Lehrverkündigung komplementäre, von Männern und Frauen wahrgenommene Wortverkündigung, die selbst dem Urteil und Maßstab der Lehrverkündigung unterworfen ist und bleibt (vgl. 1 Kor 14,29).

---

großer Übereinstimmung) über das Nein zur Frauenordination befindet. (Vgl. die „Zeugnisse zur Frauenordination", die dokumentiert sind in: „Wer verläßt den Boden der in der evangelische Kirche geltenden Lehre?" Zur EKD-Stellungnahme von 1992, „Frauenordination und Bischofsamt", hrsg. von der Kirchlichen Sammlung um Bibel und Bekenntnis in Braunschweig, Gr. Oesingen 1995, 36-68, sowie passim). Da das Pfarrerwie das Predigeramt auch als Gemeindeleitungsamt konzipiert ist, können wir uns Predigerinnen im Sinne einer *Amts*bezeichnung nicht vorstellen. Umgekehrt gebietet der biblische Befund, die Frauen nicht evangeliumswidrig von der Verkündigungsaufgabe fernzuhalten. In diesem Sinne brauchen und wünschen wir uns wiederum Predigerinnen im Sinn einer *Funktions*bezeichnung.

Im Blick auf die Ordination von Frauen zu Pfarrerinnen/Predigerinnen gibt es ein doppeltes Problem: (1) Ein Pfarrer ist normalerweise auch Gemeindeleiter, nicht nur Prediger oder Seelsorger.

(2) Nach württ. Kirchenrecht ist mit der Ordination auch die Möglichkeit zum kirchenleitenden Amt gegeben (z.B. als Prälatin). Wichtig ist im Hinblick auf das Verhältnis von Prediger und Gemeinschaftsschwester/Diakonin, daß in unseren Verbänden ein Prediger durch seine Ordination nicht automatisch Gemeindeleiter wird, wie das bei einem Pfarrer der Fall ist.

Zunächst ist zu bedenken, daß die Wahrnehmung der „alternativen Stellvertretung" – Gnadauer Modell III – in unseren Gemein-

Wenn das Amt der Lehrverkündigung von autorisierten *Brüdern* (die Konzentration auf nur eine Person ist nicht unproblematisch!) wahrgenommen wird, dann ergibt sich ein weiter Spielraum für missionarische und auch gottesdienstliche Verkündigung, der dann von Frauen und Männern ausgefüllt werden kann.

Die Brüder sind gefordert

Da heute die „normale" gottesdienstliche Wortverkündigung den Charakter einer Mixtur hat und sowohl einen missionarischen, wie einen „prophetischen", wie einen „lehrhaften" Charakter trägt, ist eine Stellungnahme zum Dienst der Frau in der Wortverkündigung so außerordentlich schwierig.

Die „normale" Verkündigung im Gottesdienst als Mixtur

Einerseits ist darauf zu achten, daß gemäß biblischem Zeugnis sehr wohl ein Dienst der Frau in der Wortverkündigung denkbar, notwendig und wünschenswert ist, daß dieser Dienst aber umgekehrt nicht den Charakter der Lehre und des Herrschens im Sinne von 1 Tim 2,12 trägt.

Eine Frau sollte darum nicht allein und nicht primär den regelmäßigen Dienst der die Gemeinde lehrmäßig vor allem bestimmenden Wortverkündigung tun. Es wäre aber ebenso unbiblisch, sie von diesem Dienst auszuschließen.

Falsche Alternativen

Bei der Ausübung des Verkündigungsdienstes ist zu beachten, daß – nach reformatorischer Sicht – Gemeindeleitung auch durch das Wort geschieht; wer in der Gemeinde verkündigt, nimmt Gemeindeleitung wahr bzw. hat daran Anteil. Auch deshalb soll die Wortverkündigung nicht exklusiv durch die Frau geschehen.

Gemeindeleitung durch das Wort

Wo eine Gemeinschaft Sorge hat, die häufige Wortverkündigung einer Gemeinschaftsschwester oder Gemeinschaften zunehmen und sich dann die Frage nach dem Berufsbild des Predigers und den Ämtern in der Gemeinde vermehrt und neu stellen wird. Entscheidend wird sein, ob die künftigen Prediger auch zu Gemeindeleitern ausgebildet werden, oder ob wir sie als Funktionsträger sehen, die nicht automatisch Gemeindeleiter sind. Für das *Verhältnis zwischen Prediger und Gemeinschaftsschwester* ist wichtig, daß eine Über- oder Unterordnung nicht an der Wortverkündigung festgemacht wird.

meinde- bzw. Gemeinschaftsdiakonin sei „nicht in Ordnung", da dieser Dienst zu prägend wirke und biblischen Grundsätzen widerspreche,

- da ist freilich nicht zuerst diese Verkündigungspraxis in Frage zu stellen (wenn und sofern sie die kephale-Struktur respektiert),

Dominanz von Frauen und Defizite von Männern

- da ist vielmehr umgekehrt die biblische Ordnung anzumahnen und das Defizit zu bezeichnen, das hier offenbar aus einer fehlenden Wahrnehmung ihrer *Haupt*verantwortung durch Brüder doch erst resultiert. Je mehr und je besser Männer in der Familie wie in der Gemeinde ihrer priesterlichen Funktion entsprechen, umso größer wird faktisch der Spielraum für die Mitarbeit der Frau. Und umgekehrt formuliert: Der Dienst einer Frau in der Verkündigung wie in der Mitarbeit von moderierenden in Gremien wird umso weniger als dominant empfunden werden, je mehr die Männer die ihnen obliegenden Funktionen wahrnehmen. Das Problem vor Ort muß darum nicht in einer „beherrschenden" Rolle einer Schwester begründet sein; es kann auch verursacht sein durch eine falsche Zurückhaltung oder gar Bequemlichkeit von Brüdern, die die ihnen zugewiesene Leitungs- und Verkündigungsverantwortung nicht angemessen wahrnehmen[53].

4. Frauen in Leitungsämtern

Eine Bitte an die Frauen

Im Gehorsam gegenüber der in der Bibel mitgeteilten und von Christus gelebten kephale-Struktur bitten wir die Frauen, auf die Leitungsfunktionen zu verzichten,

---

53. Wenn der Gemeinschafts- oder Bezirksleiter bzw. der Prediger sein Amt nicht wahrnimmt, steht die Schwester in einer schwierigen Situation, die durch ein solches Papier nicht geregelt werden kann. In diesem Fall sollte die Schwester ggfs. mit der Verbandsleitung Kontakt aufnehmen. Grundsätzlich ist in der genannten Notsituation zu fragen, ob wirklich schon noch Gemeinde im Sinne des Neuen Testamentes vorhanden ist. Dies ist zu verneinen, wenn die Leitungsaufgabe nicht wahrgenommen wird. Damit liegt eine Gemeindegründungssituation vor; in diesem Status ist missionarische Verkündigung durch Frauen nötig, die nach dem Neuen Testament kein Problem ist (s.o.).

die sie in Konflikt bringen könnten mit dem Gebot, sich unterzuordnen, und dem Verbot, über den Mann zu herrschen, ihn zu dominieren.

Angesichts der überragenden Rolle, die Frauen nach dem Neuen Testament im Gemeindeleben und in der Mission in urchristlicher Zeit gespielt haben, aber auch im Hinblick auf die von der Schöpfungsordnung her gegebene Bestimmung der Frau als „Hilfe" des Mannes und schließlich auch mit Blick auf die enorme Erfahrung, die haupt(-, aber auch ehren-)amtliche Schwestern, Diakoninnen und andere Mitarbeiterinnen in der Gemeinde sammeln, meinen wir, auf die Präsenz und den Rat der Frau auch in Führungsgremien der Gemeinden nicht grundsätzlich verzichten zu sollen und zu dürfen. Wir raten darum zu einer (ggf. Neu- bzw. Um-)Strukturierung unserer Gremien, die sowohl der biblischen Grundstruktur des Hauptseins des Mannes gerecht wird, es aber auch ermöglicht, die schöpfungsgemäße Funktion der Frau als Gegenüber und Hilfe wahrzunehmen. Denkbar wären z.B. neben Leitungsgremien[54], die mit Frauen und Männern besetzt sind und denen heute in aller Regel vor allem organisatorische und administrative Funktionen sowie Beratungsaufgaben zufallen, besondere Lehrausschüsse, in denen die Männer der ihnen allein übertragenen und vorbehaltenen Verantwortung für die autoritative Lehrweitergabe, Lehrentscheidung und Lehrzuspitzung entsprechen. Denkbar wäre die Unterscheidung von Ältesten einerseits (für die geistlichen und theologischen Klärungsprozesse) und Gemeinderäten (für administrative und technische Aufgaben) andererseits.

Frauen in Führungsgremien unverzichtbar

„Ältesten"- und „Gemeinderäte"

---

54. Die Tatsache, daß die Diakonin Phöbe von Paulus in Röm 16,1 f. mit Hinweis darauf empfohlen wird, sie sei eine prostatees, kann uns hier auch biblisch den Rücken decken. Das Wort (Vorstand/Beistand) hat amtlichen Klang. Es entspricht eigentlich dem lat. Begriff patrona und bezeichnet ursprünglich die Frau, die den rechtlichen Schutz Fremden und Freigelassenen gegenüber ausübt. (Otto Michel: Der Brief an die Römer, 5., bearbeitete Auflage dieser Auslegung, Göttingen 1978 (KEK;Bd.4), 473).

Lehrausschüsse Die vorgeschlagenen Lehrausschüsse bestünden ausschließlich aus Brüdern. Mit dieser Zusammensetzung wäre bei aller biblisch legitimen, ja biblisch gebotenen Mitwirkung der Frauen in unseren Gemeinden und Gemeindegremien ein sichtbares Zeichen dafür gesetzt, daß wir gewillt sind, in unseren Gemeinde-, Gemeinschafts- und Verbandsordnungen der kephale-Struktur einen angemessenen Ausdruck zu geben. So wird ja durch eine solche Unterscheidung von sogenannten Gemeindeleitungsgremien, denen freilich faktisch und in aller Regel nur Moderationsaufgaben zukommen, und Lehrausschüssen, denen autoritative Lehrentscheidungen vorbehalten sind, 1 Tim 2,12 und darüber hinaus der kephale-Struktur entsprochen[55].

Grundsätzlich ist darauf hinzuweisen, daß darüberhinaus auch einer Präsenz von Frauen in örtlichen Gemeindeleitungsgremien dann nichts entgegensteht, wenn diese Gremien

Kriterien für die Mitwirkung (1) (s.o.) Moderations-Aufgaben haben, für die man auf die biblisch verstandene „Hilfe und Hilfsfunktion" der Frauen nicht verzichten soll und ohne Schaden zu nehmen auch nicht verzichten kann,

(2) auf Gemeinschafts- und Bezirksebene gar keine Befugnisse zur Entscheidung von Lehrfragen besteht, – solche vielmehr auf Verbandsebene geklärt werden müssen.

---

55. Diese Lehrausschüsse könnten, müßten aber nicht vereinsrechtlich über eine Satzung (oder Satzungsänderung) verankert sein (bzw. werden), wenn denn das Kriterium für ihre Zusammensetzung das Vertrauen, die geistliche Vollmacht und Autorität ist, die die Mitglieder dieses Gremiums in ihrer Gemeinde bzw. in ihrem Gemeinschaftsverband besitzen. Da es zum Wesen biblisch verantworteter und rückgebundener Lehrentscheidungen gehört, daß sie auf Lehrbildungen beruhen, die als Konsens im Raum der Gemeinde erzielt bzw. errungen worden sind (vgl. das Apostelkonzil, Apg 15, und die ihm vorangegangenen Auseinandersetzungen), besteht faktisch weder die Gefahr, daß dieser Lehrausschuß „einsame Entscheidungen" fällt, denen dann die juristisch-verantwortlichen Gremien nicht folgen können, noch besteht die Gefahr, daß Frauen entgegen 1 Tim 2,12 faktisch und indirekt „lehren", indem sie als Mitglieder von Gremien etwa eine solche Lehrentscheidung abwehren bzw. zu ihrer Ablehnung beitragen.

Sinnvoll und wünschenswert ist darum ein gemeinsamer Lehrausschuß von LM, LGV, SV und SWD-EC, dessen Übereinkünfte dann auch in den Raum von Kirche und Gesellschaft hinein die besondere Verbundenheit und Einheit in Christus dokumentieren. Ziel wäre einerseits eine gemeinsame Lehrbildung und andererseits eine institutionelle Umsetzung der biblisch gebotenen kephale-Struktur[56].

Sinnvoll: ein gemeinsamer Lehrausschuß

5. „Haupt"-Fürsorge für die unverheiratete Frau im hauptamtlichen Dienst

Besonders deutlich steht uns heute die seelsorgerliche Aufgabe vor Augen, mehr noch als früher den unverheirateten Liebenzeller Schwestern und Diakoninnen ein „Haupt" im neutestamentlichen, christologischen Sinn zu schenken, das die Liebe und die Fürsorge Christi an ihnen stellvertretend wahrnimmt. Oft genug besitzen dienstrechtliche Beziehungen einer Weisungsbefugnis bzw. Weisungsgebundenheit diese Qualität eben nicht.

Ein „Haupt" für die alleinstehende Frau

Angesichts der mancherlei Be- und oft auch Überlastungen vieler, oft buchstäblich „allein"-stehender Frauen im Gemeinde- bzw. Gemeinschaftsdienst und angesichts der Tatsache, daß so manche von ihnen diesen Lasten nicht gewachsen war und in der Vergangenheit ihre

Mögliche Gestalten einer solchen „Fürsorge"

---

56. Denkbar wären drei verschiedene Modelle: (1) Ein solches Gremium spricht lediglich Empfehlungen für die Liebenzeller Mission und die ihr nahestehenden Verbände aus. Seine Beschlüsse hätten dann keinen juristisch verbindlichen Status, sondern allein eine autoritative Bedeutung.
(2) Ein solches Gremium besitzt die Kompetenz, für die in ihm vertretenen Gruppierungen verbindliche Entschlüsse zu fassen. Voraussetzung könnte sein, daß diese einstimmig gefaßt werden und daß den Leitungskreisen der Verbände/LM ein Veto-Recht zukommt.
(3) Denkbar ist auch eine Kombination der Modelle (1) und (2): Das zu beschließende Lehrgremium nimmt (a) Anregungen aus den Verbänden auf, (b) kommt zu einmütigen Empfehlungen an die in ihm vertretenen Verbände; diese stimmen ihm zu oder bitten um Korrektur; (c) im Falle der Zustimmung faßt das Lehrgremium einen einstimmigen verbindlichen Beschluß, zu dem die Verbände mit der LM ihre Vertreter autorisiert haben. Im Falle der Bitte um Korrektur wiederholt sich (a), (b) mit anschließendem (c). Bei dieser Konstruktion käme diesem Lehrgremium eine autoritative und verbindliche Bedeutung zu, die seine Funktion als Lehr-„Haupt" besonders deutlich machen würde. Umgekehrt wäre dem legitimen Wunsch nach Mitbestimmung, ja Selbstbestimmung der Verbände mit einer solchen differenzierten Regelung Rechnung getragen.

Aufgabe aufgegeben hat, wären *konkrete,* Geborgenheit, Fürsorge und Schutz schenkende Zuordnungen wünschenswert, die nicht mit dienstrechtlichen Strukturen deckungsgleich sind. So ein „Haupt" muß weder männlich sein noch bloß aus einer Person bestehen.

Aufgaben für den Bezirk bzw. den Verband

Denkbar ist auch eine Institution, die dieser Schutzfunktion nachkommt. Das „Haupt" hat sein Wesen vielmehr darin, daß es Verantwortung erkennt und wahrnimmt für *die* unverheiratete Frau, die nicht unter dem Schutze eines Mannes steht, aber dieses Schutzes, dieser Fürsorge und Begleitung doch mindestens genauso bedarf.

Diese Funktion eines Fürsprechers und einer Fürsorge nimmt die Schwesternschaft schon vielfältig wahr. Zu prüfen wäre, ob darüberhinaus nicht noch vor Ort und im Verband eine solche „kephale" gefunden oder eingerichtet werden könnte bzw. müßte.

NACHBEMERKUNG

Zur Entstehung der Stellungnahme

Anfang 1996 ist der Theologische Arbeitskreis des Theologischen Seminars der Liebenzeller Mission von der Leitung des LGV gebeten worden, im Blick auf dort anstehende Satzungsänderungen ein theologisches Gutachten zu „Stellung und Dienst der Frau in der Gemeinde Jesu Christi" zu verfassen.

Der theologische Arbeitskreis hat sich daraufhin mehrfach getroffen und die einschlägigen biblischen Texte, die hauptsächlichen Interpretationsprobleme, die systematisch-theologischen Grundfragen zum Verhältnis von Mann und Frau sowie die praktischen Konsequenzen bis hin zur Möglichkeit konkreter Empfehlungen für die Gemeinschaftsarbeit durchgesprochen, sowie detailliert und zum Teil auch kontrovers diskutiert. Auf der Basis dieser Aussprachen und der ihnen zugrunde liegenden Arbeitspapiere von Mitgliedern des Ausschusses bin ich dann beauftragt worden, den Versuch einer strukturierenden und zusammenfassenden Stellungnahme zu machen, oder besser! zu wagen.

Dem theologischen Arbeitskreis gehörten an Pfarrer Wilfried Sturm als Vorsitzender, Wilfried Dehn als stellv. Seminarleiter, Schw. Irmgard Wieland als theologische Mitarbeiterin der Bibelschule, die Dozenten Winfried Meißner und Pfarrer Werner Weiland als theologische Mitarbeiter des Missions- und Predigerseminars der LM sowie Schw. Ilse als Schriftführerin und ich selbst als Studienleiter und später als Seminardirektor. Ausdrücklich und nachdrücklich möchte ich für die Ausarbeitungen und Aussprachen des Arbeitskreises danken, ohne die ich diese Stellungnahme nicht hätte verfassen können. Gleichzeitig möchte ich betonen, daß ich die vorliegenden Aussagen allein zu verantworten habe, also nicht jedes Mitglied unseres Arbeitskreises für jeden Satz „haftbar gemacht" werden darf.

Ende März '96 habe ich die Stellungnahme im Rahmen einer gemeinsamen Sitzung der Brüderräte von LGV und SV vorgetragen. In einer zweiten Fassung (Mai '96) wurden die Anregungen, kritischen und weiterführenden Fragen eingearbeitet, die bei aller erstaunlich positiven, im Grundsätzlichen zustimmenden Resonanz von Einzelpersonen oder Gremien noch an mich herangetragen wurden. Im Mai hat dann dem Komitee der Liebenzeller Mission das Papier vorgelegen.

In einer dritten Fassung (September '96) sind noch weitere Anregungen und Rückfragen berücksichtigt worden. Neben einigen wenigen persönlichen Rückmeldungen haben vor allem die Gespräche des LGV-Studientages am 29.06.1996 und im Schwesternrat am 22.06.1996 ihren Niederschlag gefunden.

Nun hoffe ich, daß das Papier nicht nur runder und abgewogener, sondern auch differenzierter und reflektierter geworden ist. Ich freue mich, daß all die vielen kleinen und großen Gesprächsgänge es zu einer Vorlage gemacht haben, die nicht von einem allein verantwortet werden muß, vielmehr ein Profil zeigt, das durch den Konsens sehr vieler, die an den Aussprachen beteiligt waren, geprägt ist. Ich wünsche mir, daß als Ergebnis dieses Gesprächsprozesses womöglich noch deutlicher geworden ist, daß wir Gottes heilsamem Willen, wie er sich in den Schriften des Alten und Neuen Testamentes niedergeschlagen hat, absolute Priorität einräumen und daß wir gerade so von ihm Wegweisung und Hilfestellung für eine schwierige, in der Vergangenheit oft notvolle Frage erwarten, die wir so ernst nehmen wollen wie nur möglich.

Zur Lektüre der einschlägigen Fragen möchte ich empfehlend hinweisen auf die Magisterarbeit von Schwester Irmgard Wieland: „Wie verstand die alte Kirche bis zur Mitte des dritten Jahrhunderts die Worte des Paulus über die Frau im Leben der Gemeinde?", die über die Bibliothek des Liebenzeller Seminars eingesehen werden kann.

Danken möchte ich auch all denjenigen, die sich um die Betreuung des Manuskriptes in seinen verschiedenen Fassungen Verdienste erworben haben. Ohne ihre bereitwillige Mitarbeit hätte das Papier nie, mindestens nicht so schnell einen Konsens finden können. Nennen möchte ich vor allem meine Mitarbeiterinnen, Schw. Ilse Szaukellis, Ruth Großmann und Marion Roos, sowie meine Mutter Anne Hempelmann. Dem Verlag der Liebenzeller Mission (VLM), insonderheit Arthur Klenk, der durch Herrn Helmut Sigle, Frau Waltraud Hoppenworth und Frau Petra Sautter von der EDV-Abteilung unterstützt wurde, möchte ich danken für die rasche und engagierte Veröffentlichung dieses auch graphisch anspruchsvollen Papieres. Jochen Schenk und Karl-Heinz Schmuderer haben sich Verdienste durch die Erstellung der Register erworben. Auch ihnen gilt mein Dankeschön.

Bad Liebenzell
                        Heinzpeter Hempelmann

BIBELSTELLENREGISTER

1 Mose
- 1,10.18.25.31   54
- 1,16   56
- 1,26   54, 68
- 1,26.28   56
- 1,27   17, 53
- 1,28   68
- 2,7.22   57
- 2,17-24   53
- 2,19-20   54
- 2,22.23   54
- 3,1-18   57
- 3,15   56
- 3,16   41, 46, 50, 55, 56
- 3,17   55
- 5,2   17
- 5,29   55

2 Mose
- 15,20   73
- 18,4   54

5 Mose
- 22,5   30
- 33,26.29   54

Richter
- 4,4   73

2 Könige
- 22,14-20   73

2 Chronik
- 34,22-28   73

Nehemia
- 6,14   73

Psalm
- 33,20   54
- 70,6   54

Jesaja
- 8,3   73
- 28,4   76

Jeremia
- 31,34   75

Joel
- 3,1-5   72, 74

Sacharja
- 9,9   54

Matthäus
- 18,15ff.   83

Markus
- 5,41   77
- 10,43f.   67
- 10,45   67
- 16,1-8   77

Lukas
- 8,3   77
- 10,38-43   77

Johannes
- 1,14   27
- 13,2   22
- 14,26   73
- 15,26   73
- 16,13   73
- 20,18   75

Apostelgeschichte
- 2,17f.   47
- 2,17-21   74
- 2,16-18   72
- 2,18   74
- 7,56   74
- 10,11   74
- 15   94

16,11f.	79	13,9	75
18,26	76	14	36, 38, 39, 43, 48, 53, 58
21,8f.	72		
21,9	43	14,1	72, 74
		14,1-25	39
Römer		14,2	43, 73
10,4	62	14,3	42, 43, 72, 73, 90
13,1ff.	80		
16	51	14,3f.	74
16,1	79	14,18	39
16,1f.	71, 93	14,22	39
16,3	75	14,22-24	43
16,3.12	90	14,23	39
16,7	33	14,24	72, 90
16,12	76	14,24f.	72, 73
		14,26	39
1 Korinther		14,26-32	38
1,23	50	14,26-40	39
4,17	31, 38, 44	14,27	39
7,3f.	59	14,29	44, 90
7,17	31, 38, 44	14,29ff.	39
7,17-24	61	14,29-32	40
7,34	51	14,29-40	46
11	42	14,30ff.	30
11,2f.	81	14,31	74
11,2-16	37, 81	14,33.40	45
11,3	64	14,33a	31, 39, 46
11,3ff.	66, 68, 79	14,33b	31, 37, 38, 41, 44, 46
11,3-16	84		
11,4	74	14,33-36	35, 38
11,5	36, 37, 42, 43, 44, 72	14,33ff.	32, 36, 37
		14,34	36, 50, 51, 81
11,6	29	14,34a	40
11,7	70	14,34b	40
11,7f.	59	14,34f.	35, 37 38, 40, 42, 44, 48, 50, 59
11,8ff.	62		
11,10	63		
11,11	63	14,34-35	36, 37, 42,
11,11f.	59	14,34.37	45
11,23ff.	78	14,35	41, 45
11,34-35	43	14,36	37, 38, 41, 44
11/12	48	14,37	40
12	39, 67	14,40	39
12,13	59	15,2ff.	78
12,28	78	15,27-28	65
13,8ff.	75		

2 Korinther
   3,3　　　　　　　　20
   3,3f.　　　　　　　67
   3,5　　　　　　　　82
   12,6　　　　　　　74

Galater
   1,11f.　　　　　　78
   1,17　　　　　　　78
   2,20　　　　　　　60
   3,24f.　　　　　　60
   3,27　　　　　　　60
   3,28　　　　　　　10, 30, 33, 55,
   　　　　　　　　　57, 58, 60, 68
   4,4　　　　　　　　27

Epheser
   4,11　　　　　　　78
   4,13　　　　　　　26
   5　　　　　　　　　81
   5,21ff.　　　　　　10, 33, 50, 66,
   　　　　　　　　　68, 79, 81, 84
   5,22　　　　　　　68
   5,23　　　　　　　66
   5,23.25　　　　　66
   5,26.28　　　　　80
   5,28　　　　　　　68

Philipper
   1,1　　　　　　　　88
   2,3　　　　　　　　10, 24
   2,5-11　　　　　　27
   4,2f.　　　　　　　51, 75,
   4,2-3　　　　　　　90

Kolosser
   3,9.10　　　　　　59
   3,11　　　　　　　58
   3,16　　　　　　　77
   3,17　　　　　　　58

1 Timotheus
   1,11　　　　　　　78
   2　　　　　　　　　43, 53, 57, 58
   2,8　　　　　　　　38, 49
   2,8ff.　　　　　　 30, 32, 34,
   2,8-15　　　　　　35, 48
   2,9　　　　　　　　42
   2,10　　　　　　　49
   2,12　　　　　　　38, 42, 43, 48,
   　　　　　　　　　51, 52, 81, 90,
   　　　　　　　　　91, 94
   2,12ff.　　　　　　49
   2,12-15　　　　　35
   2,14　　　　　　　49, 56, 57
   2,14f.　　　　　　50
   3,1-13　　　　　　88
   3,2　　　　　　　　89
   3,3　　　　　　　　22
   4,15　　　　　　　78
   5,3.10　　　　　　51
   5,17　　　　　　　79, 88
   6,3ff.　　　　　　 78
   6,13ff　　　　　　78
   6,12-14　　　　　88

2 Timotheus
   2,2　　　　　　　　78

Titus
   2,3　　　　　　　　33,
   2,3f.　　　　　　　77, 78
   2,3.4　　　　　　　34

Philemon
   14.17　　　　　　　61

Hebräer
   5,12　　　　　　　77

1 Petrus
   1,10f.　　　　　　76
   3,1ff.　　　　　　 71
   5,8　　　　　　　　22

1 Johannes
   4,8.16　　　　　　27